Leaḃar Breatnaċ

SCÉAL ARTÚIR
1 + 2

DAVID CHAUVEL
A SCRÍOBH

JÉRÔME LERECULEY
A MHAISIGH

JEAN-LUC SIMON
A CHUIR DATH AIR

SEAGHÁN Ó MODHRÁIN
A CHUIR GAEILGE AIR

Leabhar Breatnach: Scéal Artúir 1 + 2
Foilsithe ar dtús as Fraincis faoin teideal *Arthur 1: Merlin le Fou & Arthur 2: Arthur le Combattant*
le David Chauvel agus Jérôme Lereculey
© Éditions Delcourt 1999/2000
© Téacs Gaeilge ag Dalen (Llyfrau) Cyf 2024
ISBN 978-1-913573-76-8

An chéad eagrán 2024, Dalen Éireann, An Cladach, Clais Mhór, Eochaill, Co. Chorcaí, P36 AP22
Dalen (Llyfrau) Cyf, Y Tŷ Gwyn, Yr Eglwys Newydd, Caerdydd, CF14 1HG, An Bhreatain Rheag
Aistritheoir: Seaghán Ó Modhráin
Eagarthóir sraithe: Alun Ceri Jones
Litreoireacht: Lannig Treseizh
Arna fhoilsiú le cabhair ón gComhairle Ealaíon agus ó COGG

An Chomhairle um Oideachas
Gaeltachta & Gaelscolaíochta

Arna chlóbhualadh ag SRP, Cathair Abhainn na nlasc, Na Gleannta Doimhne, An Bhreatain,
ar pháipéar a fuarthas go freagrach agus ó fhoinsí rialaithe eile

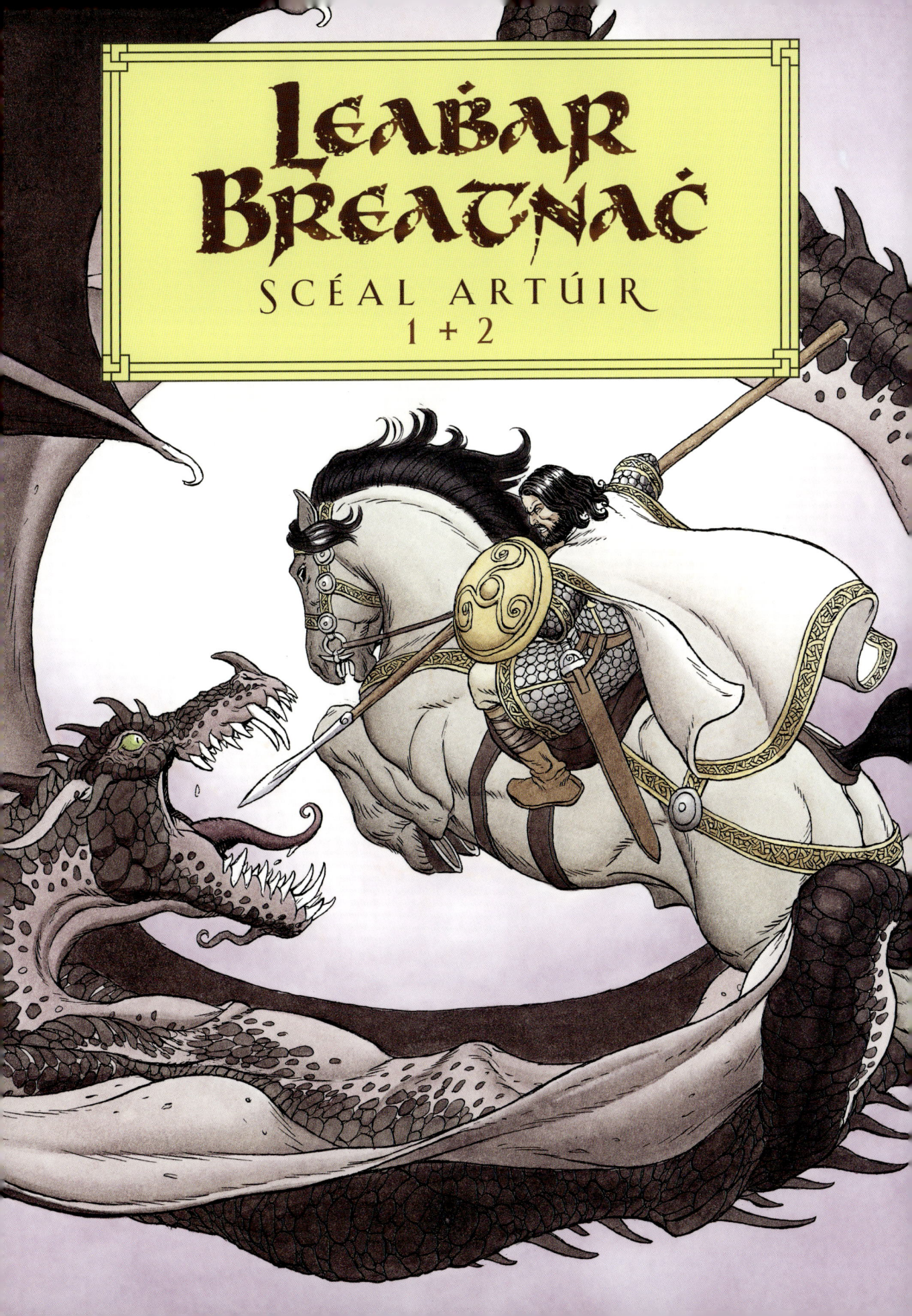

Leabar Breatnac

Scéal Artúir

1 + 2

Le meath Impireacht na Róimhe, chuaigh Iarthar na hEorpa in achrann na Ré Dorcha. Ar imeacht ón mBreatain do na Rómhánaigh, áfach, tháinig athbheochan ar chultúr dúchais mhuintir an oileáin. B'in ré na naomh is na bhfilí, an uair a tháinig an duine mór le rá Artúr ar an bhfód de réir na bhfinscéalta.

Tugtar Aois Laochais na Breataine ar an aois sin, uair nach raibh forlámhas na Sasanach le brath ar chultúr an oileáin go fóill. Oileán Ceilteach ba ea an Bhreatain agus ba í an Bhriotainic príomhtheanga fhormhór mhuintir an oileáin an uair sin. Níorbh fhada go ndéanfaí an Bhreatnais is an Choirnis is an Bhriotáinis di.

Is ó lámhscríbhinní ársa stairiúla is finscéalaíochta is filíochta a thagann an scéal atá le fáil in **Leabhar Breatnach: Scéal Artúir**, **Historia Brittonum** *("Lebor Bretnach", .i. leabhar Breatnach)* is **Annales Cambriae** is **Mabinogi** san áireamh. Breacadh na scéalta sin síos i bhfad sular dhein na Normannaigh finscéalta Artúir a chur i bhfoirm rómánsaíochta is a scaipeadh ar fud na hEorpa le linn na Meánaoise.

Is mór idir Breatain na laethanta úd agus Breatain an lae inniu. Ní raibh Sasana ná Albain ná an Bhreatain Bheag féin ann mar thíortha go fóill. Ní raibh na Sasanaigh ach díreach tar éis teacht chun an oileáin, fiú. Ní raibh cultúr Gaelach faoi leith ag Albain fós ach oiread; is iad na Cruithnigh a bhí ina gcónaí sna Garbhchríocha agus is iad na Breatnaigh a bhí ina gcónaí sna hÍsealchríocha – caoineadh treibhe Briotanaí is ea an fhilíocht Bhreatnach is sine atá fágtha againn, cuir i gcás. Moltar na Votadini inti, treibh a bhí ina gcónaí sa dúiche ina bhfuil Dún Éideann ar an aimsir seo.

Is ón mbunús sin a d'eascair **Leabhar Breatnach: Scéal Artúir**. Feicfear ainmneacha daoine is áiteanna sa leabhar seo ar a mbeidh cuma iargúlta ach baineann siad siúd leis na hainmneacha atá le fáil sna bunfhoinsí. Is iad na leaganacha atá i nGaeilge is i mBreatnais an lae inniu na cinn atá sa leabhar seo agus is maith an léargas a thugann siad ar na tagairtí is ársa d'Artúr diamhair.

AN CHÉAD GHÉAG

LEAḂAR BREATNAĊ

MUIRDHÚN
FEAR FIÁIN NA COILLE

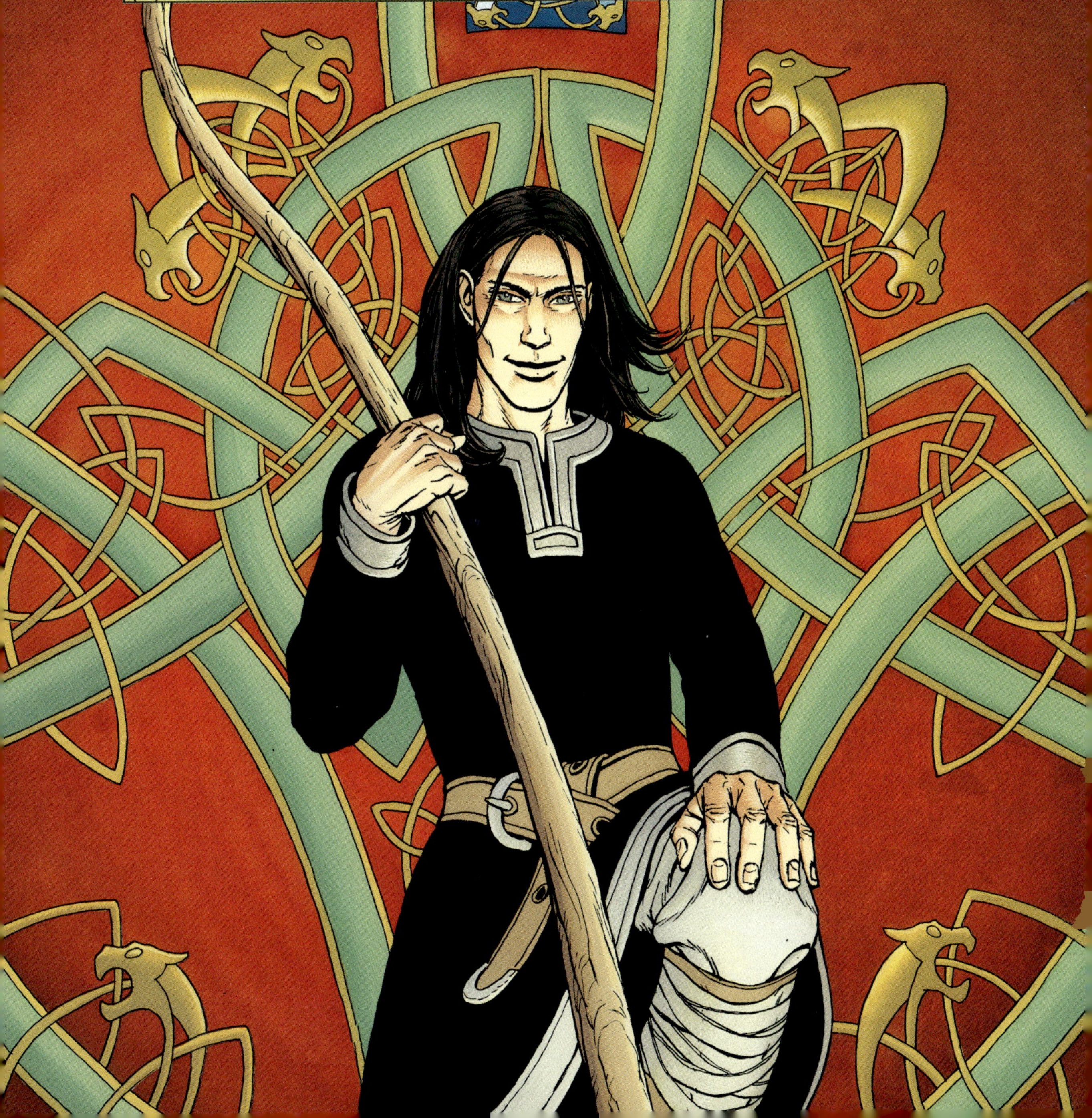

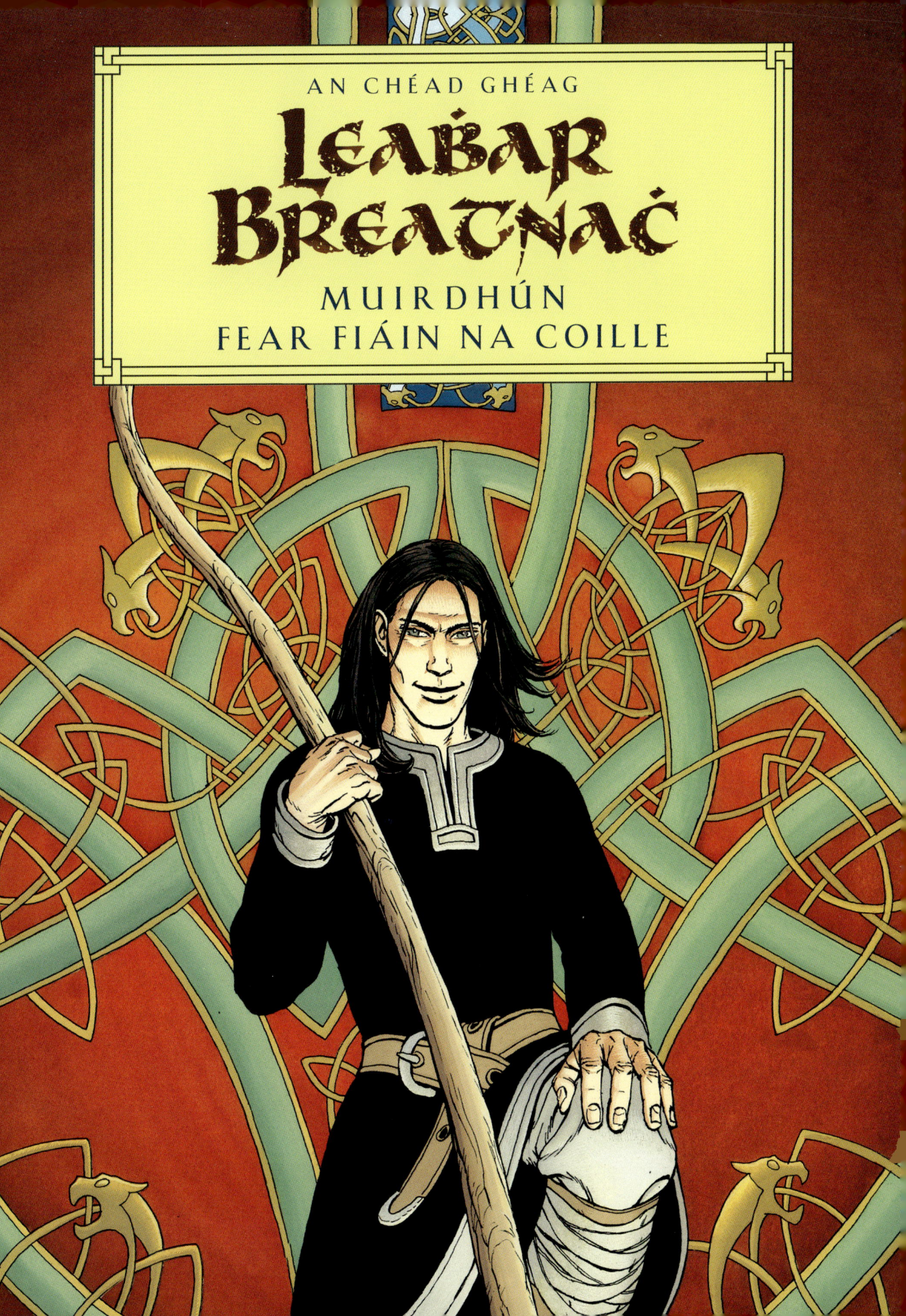

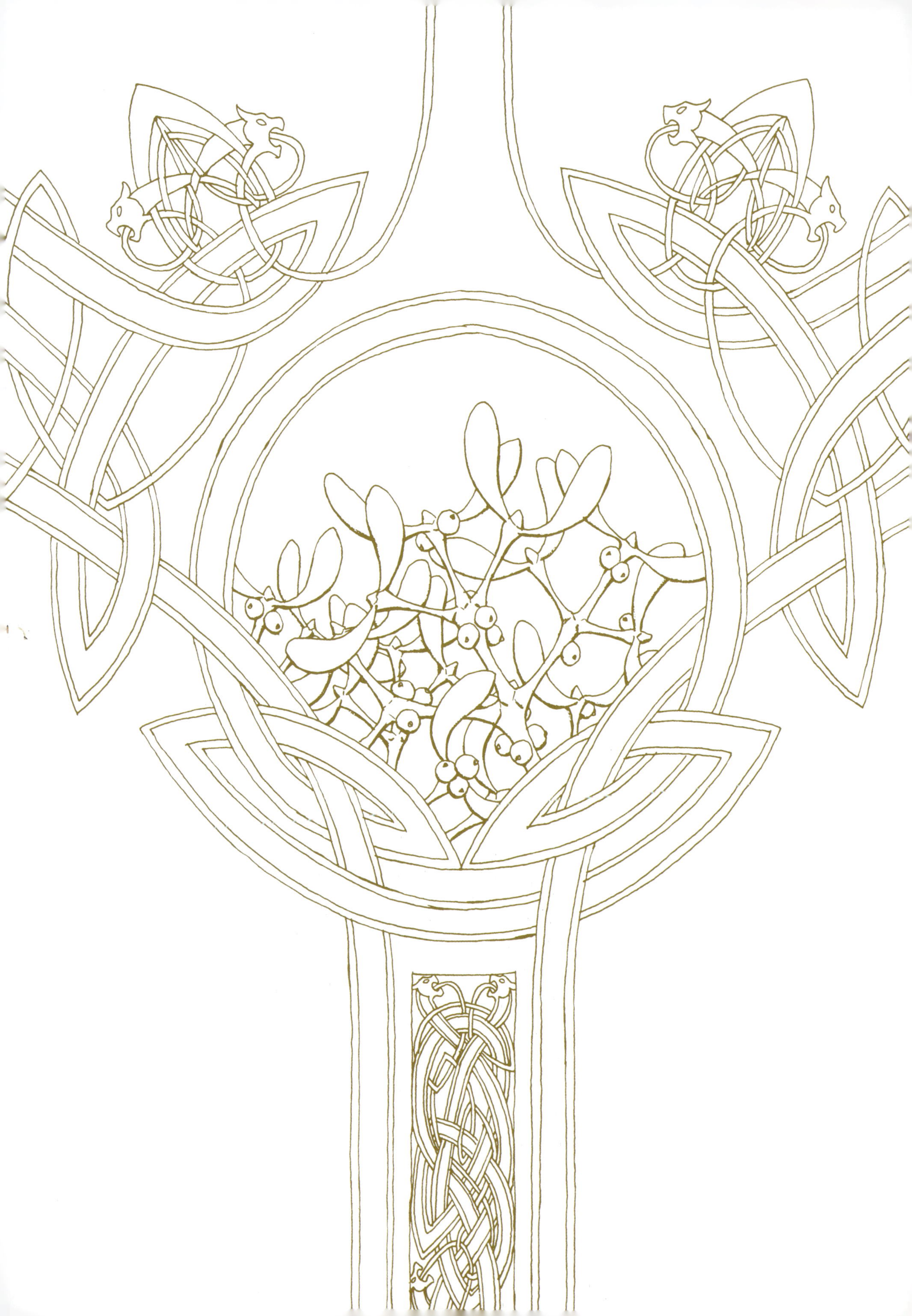

Ba ghruama an ré í do na Breatnaigh, do mhuintir na Breataine, don chine a thugadh **CYMRY** orthu féin.

Le cúlú Impireacht na Róimhe, chuaigh muintir **INIS NA gCUMHACHTACH** as a smacht.

D'imigh na Rómhánaigh ach tháinig na Sasanaigh shantacha ina n-ionad. Sula fada – i ndiaidh dóibh tabhairt faoi ruaigeanna creiche uafásacha – fuair siad a gcéad ghreim ar thír thorthúil na mBreatnach.

Ach is iomaí uair a doirteadh fuil na mBreatnach ar thalamh a dtír féin roimh theacht na Sasanach – bhí sé de nós ag sluaite na gCruithneach ruathair a thabhairt orthu ón tuaisceart agus dhéanadh na Gaeil foghlaíocht ar an gcósta thiar.

Bhí reiligiún nua ag fréamhú ar fud an oileáin. Creideamh san aon Dia amháin, sa Tríonóid Ró-Naofa; Comaoineach ba ea é a chuirfeadh an Briathar scríofa in ionad na n-orthaí a deirtí sna garráin is fíon Aifrinn in ionad na seaníobairtí.

Ní raibh cuimhne na mBreatnach ar an seanreacht uasal tite i léig ach oiread. Ba iad Ard-Tiarnaí **OILEÁN NA BREATAINE MÓIRE** iad, tráth.

Bhorrfadh lánmhisneach arís iontu ar feadh tamaill, ar nós coinneal ar lasadh go hard roimh a mhúchta dheireanaigh.

Mar gheall ar a gcuid nósanna, ní raibh na Cymry faoi smacht rí.

Ach le linn caismirtí, thagtaí na ceannairí le chéile chun an duine ba chríonna a chur i gceannas ar shluaite na mBreatnach, duine nach raibh aon duine ann ba mhó a raibh meas air ná é.

FOIRTCHEARN a bhí i gceannas ar na sluaite ag an am ina dtosaíonn an scéal seo.

Sular deineadh ceannaire sluaite de, bhí taoiseach uasal eile ann a chuireadh ina choinne, b'in an Flaith **CONSTAINTÍN BEAG.**

Bhí smacht ag Foirtchearn ar shlua fíochmhar Cruithneach; gaiscígh ba ea iad nach raibh dílis d'aon duine ach dó féin. Gheall sé dóibh go bhfaighidís cuid den chreach nuair a shárófaí na Sasanaigh.

Bhí Foirtchearn réidh i gcónaí le huisce faoi thalamh a dhéanamh. D'ordaigh sé do na Cruithnigh Constaintín Beag a mharú ionas go mbeadh sé féin ina ardrí.

Ach nuair a tháinig na Cruithnigh i gcomhair na duaise a gealladh dóibh a fháil, agus a lámha dearg le fuil Chonstaintín, d'fheall Foirtchearn ar a fhocal.

Ní raibh aon mhaolú ar fhearg na Cymry le dúnmharfóirí Chonstaintín ná ar a bhfonn díoltais. Níorbh fholáir do na Cruithnigh teitheadh gan mhoill.

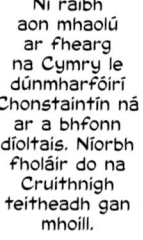

Anois, agus é ina ardrí, dhein Foirtchearn na Sasanaigh a threascairt.

Chuir feall Fhoirtcheirn olc trom ar na Cruithnigh.. Thóg siad arm agus dhein scrios agus eirleach ar thír na mBreatnach.

Tháinig scéala chun Foirtcheirn go raibh na Cruithnigh ceaptha ar a mharú, rud a chuir critheagla air.

Thuig sé ina aigne nach bhféadfadh sé cúnamh a lorg ó thaoisigh na mBreatnach gan a chur in iúl dóibh cad faoi deara fearg na gCruithneach. Mar sin, dhein sé cinneadh doshamhlaithe nárbh fhéidir a mhaitheamh.

Chuaigh sé i muinín a dheargnamhad, na Sasanaigh, ag gealladh tailte sa Bhreatain dóibh dá dtabharfaidís cúnamh dó na Cruithnigh a shárú.

Ghlac na Sasanaigh le tairiscint chealgach Fhoirtcheirn gan mhoill – briseadh ar na Cruithnigh i gcath fuilteach agus tháinig na Sasanaigh chun luach a saothair a fháil.

Is é Foirtchearn a shocraigh ar a oiread talaimh a thabhairt do cheannaire na Sasanach, D'EINGIST, is a bhféadfaí sreangán leathair amháin a chur ina thimpeall.

Fear an-ghlic ba ea Eingist. D'ordaigh sé dá lucht leanúna aon fhéith fhada amháin a bhaint de tharbh.

Is éard a bhí ar intinn aige ná an fhéith a chur timpeall carraig ollmhór, áit ina dtógfaí a dhaingean do-ghafa.

Is amhlaidh a tháinig náire ar Fhoirtchearn is a deineadh clúmhilleadh air. Bhí gráin ag an tír go léir air, rud a tharraing sé air féin.

3.

D'imigh ráithe i ndiaidh ráithe, agus thit rud amach i bhfad ó áit fheall Fhoirtcheirn a rachadh i bhfeidhm go mór mór ar an tír le himeacht aimsire.

I dtuaisceart na Breataine, cóngarach do chríocha na gCruithneach, bhí an geimhreadh i ndiaidh brat bán a chur ar an talamh.

BRÚIGH!

ARÍS!

SEO CHUGAINN É!

Féach! Nach ait é!

Ba léir gur leanbh rúndiamhair gurbh ea é go pointe áirithe, ach ní raibh a fhios ag aon duine, a mháthair (a bhí ina dílleachta) san áireamh, a rúndiamhaire a bhí sé, dáiríre.

Bhí a fhios ag an máthair nárbh fholáir di cuntas a thabhairt do sheanóirí na treibhe mar níor nocht sí cérbh é athair an linbh.

Thuig sí ina haigne nach raibh le déanamh ach feitheamh leis an mbreith a bhéarfadh uirthi nuair a bhainfeadh a mac den chíoch.

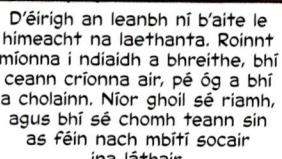

D'éirigh an leanbh ní b'aite le himeacht na laethanta. Roinnt míonna i ndiaidh a bhreithe, bhí ceann críonna air, pé óg a bhí a cholainn. Níor ghoil sé riamh, agus bhí sé chomh teann sin as féin nach mbítí socair ina láthair.

Ná bíodh máthair Mhuirdhúin ag gol.

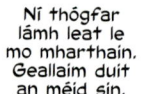

Ní thógfar lámh leat le mo mharthain. Geallaim duit an méid sin.

Is mór é an t-iontas a chuir caint a mic uirthi. Mar sin, ghlaoigh an mháthair ar na comharsana teacht agus éisteacht leis, ach sin an méid a dúirt a leanbh a thug MUIRDHÚN air féin.

4.

D'imigh na míonna sular glaodh ar an máthair óg is ar a leanbh teacht chun áras na treibhe.

Tar anseo.

Dhiúltaigh tú míniú ciallmhar a thabhairt do sheanóirí na treibhe. Seo an seans deireanach agat an fhírinne a insint faoi ghiniúint do mhic.

Níl... níl tuilleadh le rá. Dúirt mé gach rud libh cheana féin...

Abair an scéal arís, mar sin...

Impím oraibh mé a chreidiúint! Níor luigh mé le fear riamh...

Ach maidin amháin, nuair a dhúisigh mé... thug mé faoi deara go raibh mé ag iompar clainne...

Má tháinig fear agus mé i mo chodladh, níl aon eolas agam ina thaobh...

Ní deirim ná go raibh sé beag go leor murar dhúisigh sé thú!

5.

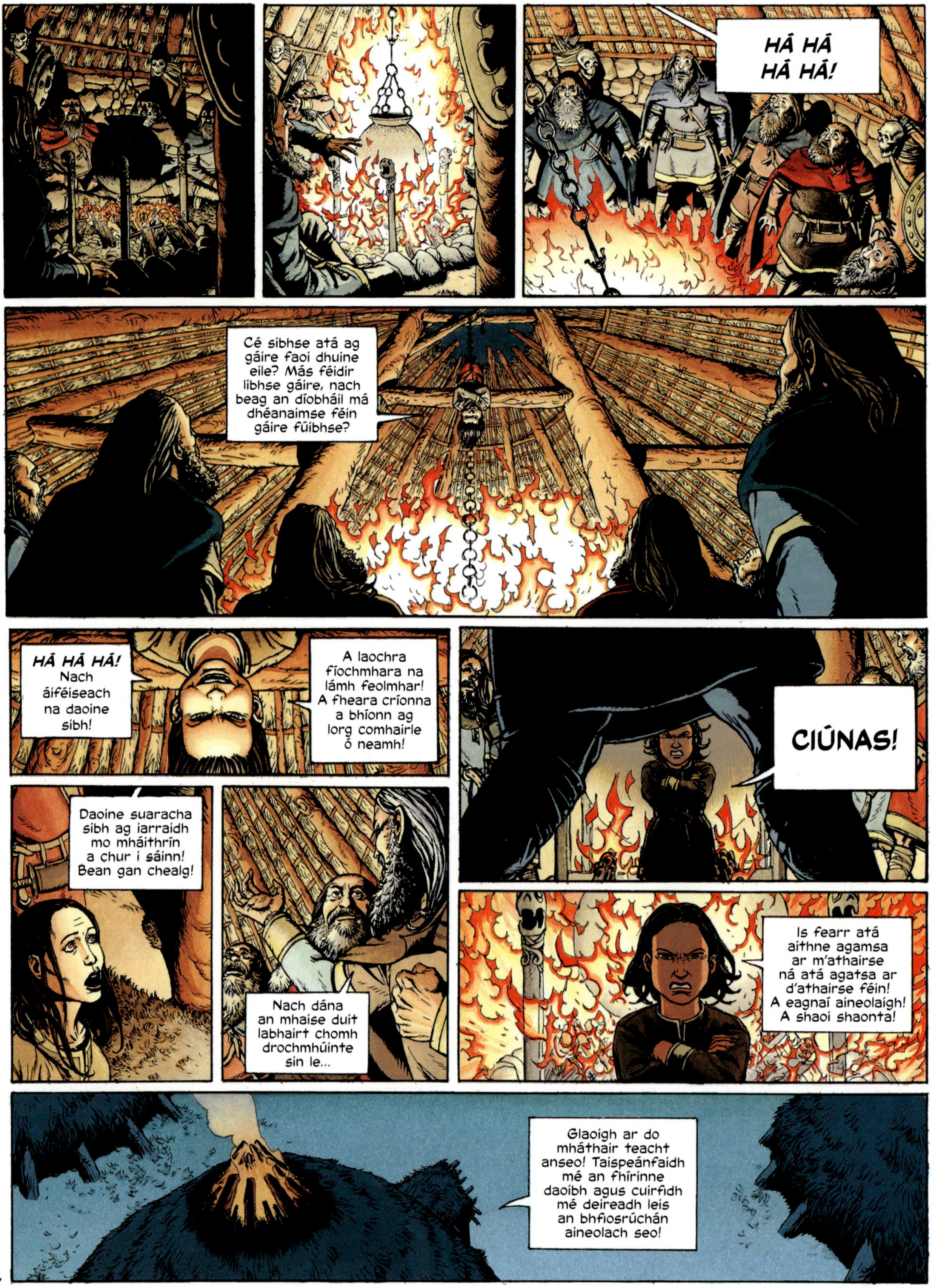
HÁ HÁ
HÁ HÁ!
Cé sibhse atá ag gáire faoi dhuine eile? Más féidir libhse gáire, nach beag an díobháil má dhéanaimse féin gáire fúibhse?
HÁ HÁ HÁ! Nach áiféiseach na daoine sibh!
A laochra fíochmhara na lámh feolmhar! A fheara críonna a bhíonn ag lorg comhairle ó neamh!
CIÚNAS!
Daoine suaracha sibh ag iarraidh mo mháithrín a chur i sáinn! Bean gan chealg!
Nach dána an mhaise duit labhairt chomh drochmhúinte sin le...
Is fearr atá aithne agamsa ar m'athairse ná atá agatsa ar d'athairse féin! A eagnaí aineolaigh! A shaoi shaonta!
Glaoigh ar do mháthair teacht anseo! Taispeánfaidh mé an fhírinne daoibh agus cuirfidh mé deireadh leis an bhfiosrúchán aineolach seo!
6.

Inís an fhírinne dom, a mháthair, gan náire gan eagla.

Is leis, ar ndóigh, cad a...?

Chuir... chuir tú gairm orm, nár chuir?

Tar chugam! Ná bíodh eagla ort...

M'athair... an leis mé, dáiríre?

THUG TÚ D'ÉITHEACH!

Machnaigh ar an uair a chuaigh tú ag lorg thoradh na coille. Tá sí chomh soiléir inniu is a bhí riamh!

Admhaigh gur maith is cuimhin leat an lá úd... bhí an bradán ag léim ón uisce, ansin, chonaic tú fear ag dul abhaile i ndiaidh na seilge, an chreach throm ar a dhroím.

Abair liom, a sheanchailleach, ar cheart dom fírinne an scéil a nochtadh?

A MHIC! MAITH DOM AN LAIGE!

An fíor a ndúirt an garsún beag?!

Mór mo náire... is fíor... is fíor... monuar géar... maith dom é...

Le gníomhartha Mhuirdhúin, ligeadh dá mháthair imeacht go slán sábháilte ón gcruinniú agus níor deineadh aon díobháil dá clú.

D'ainneoin an áthais a bhí uirthi agus í ag siúl abhaile lena mac, ní fheadair sí cad é an saghas linbh in aon chor é.

7.

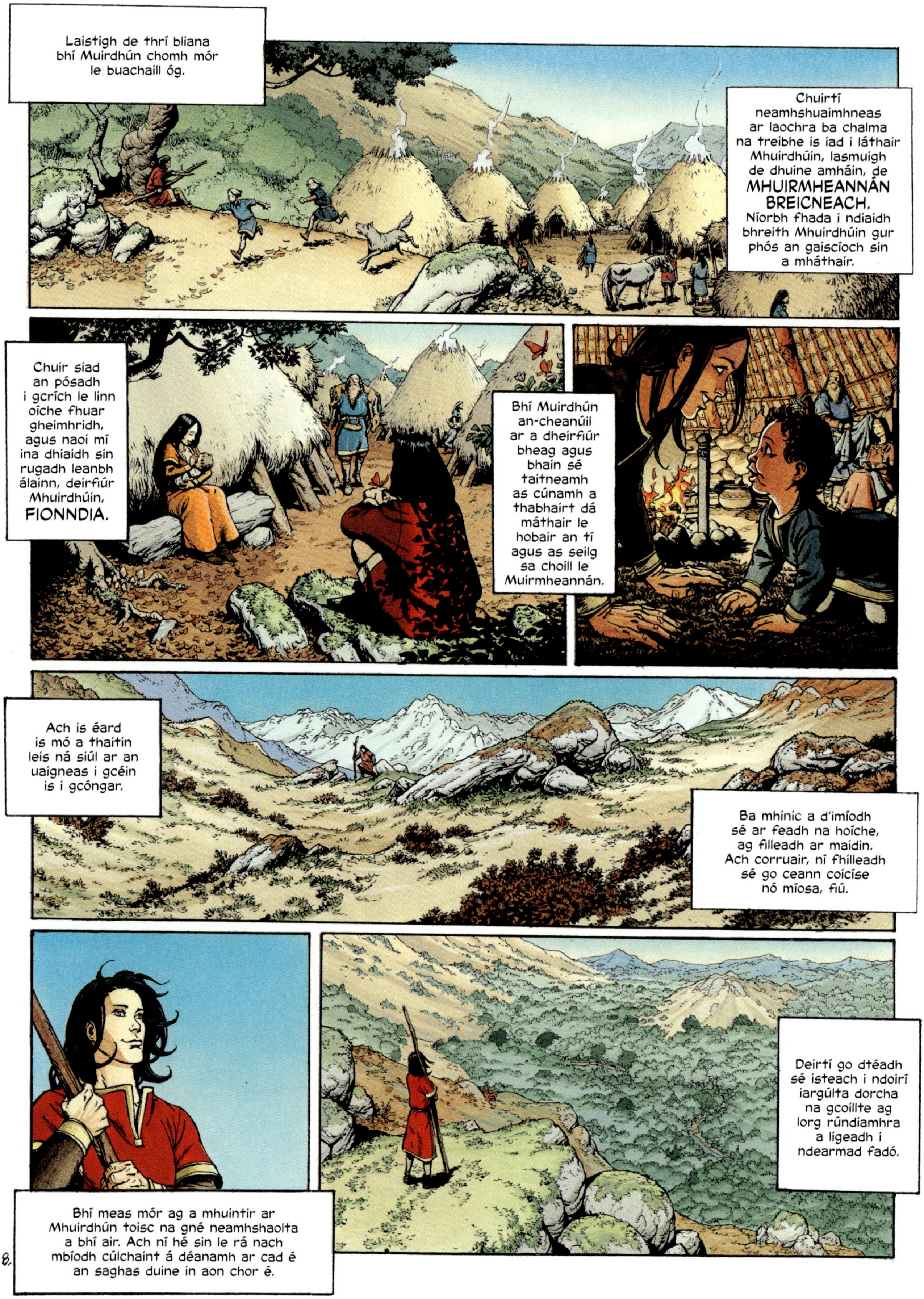
Laistigh de thrí bliana bhí Muirdhún chomh mór le buachaill óg.
Chuirtí neamhshuaimhneas ar laochra ba chalma na treibhe is iad i láthair Mhuirdhúin, lasmuigh de dhuine amháin, de MHUIRMHEANNÁN BREICNEACH. Níorbh fhada i ndiaidh bhreith Mhuirdhúin gur phós an gaiscíoch sin a mháthair.
Chuir siad an pósadh i gcrích le linn oíche fhuar gheimhridh, agus naoi mí ina dhiaidh sin rugadh leanbh álainn, deirfiúr Mhuirdhúin, FIONNDIA.
Bhí Muirdhún an-cheanúil ar a dheirfiúr bheag agus bhain sé taitneamh as cúnamh a thabhairt dá máthair le hobair an tí agus as seilg sa choill le Muirmheannán.
Ach is éard is mó a thaitin leis ná siúl ar an uaigneas i gcéin is i gcóngar.
Ba mhinic a d'imíodh sé ar feadh na hoíche, ag filleadh ar maidin. Ach corruair, ní fhilleadh sé go ceann coicíse nó míosa, fiú.
Bhí meas mór ag a mhuintir ar Mhuirdhún toisc na gné neamhshaolta a bhí air. Ach ní hé sin le rá nach mbíodh cúlchaint á déanamh ar cad é an saghas duine in aon chor é.
Deirtí go dtéadh sé isteach i ndoirí iargúlta dorcha na gcoillte ag lorg rúndiamhra a ligeadh i ndearmad fadó.

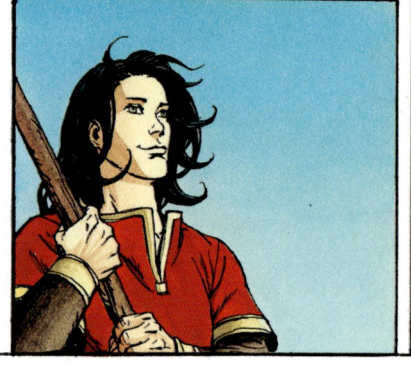

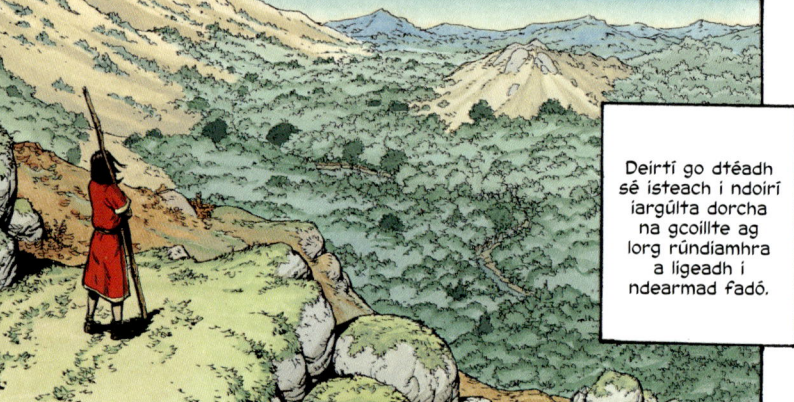

Deirtí go siúladh sé in éineacht le hainmhithe na coille, ag caint leo i dteanga rúnda.

Deirtí go dtéadh sé i gcruth ainmhí faoi sholas na gealaí, agus go dtéadh sé san fhiántas.

Ar uairibh, deirtí gur rugadh ar an saol eile é, is go ngoideadh sé bunóca ó bhailte beaga áitiúla, is go sásaíodh sé a ocras lena bhfuil a ól is lena bhfeoil a ithe.

Ach pé rud a deirtí ina thaobh, bhí rud amháin cinnte soiléir: na daoine nach raibh meas mór acu air, bhí iontas orthu leis.

Is éard faoi deara an t-iontas ná an teanga ghéar a bhí aige. Bhí Muirdhún ábalta ar ghreann gonta a dhéanamh d'aon duine nach raibh a choinsias glan.

Is maith a thuill sé an meas leis mar cé go raibh sé tógtha leis an gcleasaíocht, bhíodh sé réidh i gcónaí le cúnamh a thabhairt don té a bhí i gcruatan.

D'insíodh sé rúin i gcogar do dhaoine a thuill tacaíocht uaidh agus thugadh sé comhairle a leasa dóibh. Thugadh sé cúnamh do mháithreacha a bhí ag iarraidh leanaí breoite a chothú...

...is tacaíocht do shealgairí tuirseacha i ndiaidh dóibh a saol a chaitheamh ag iompar creiche ar a ndroim.

9,

Le linn na haimsire úd, thuig na Cymry ina n-aigne gur dhein Foirtchearn feall orthu, agus go raibh Eingist is a shlua lonnaithe ina ndún daingean, i gCATHAIR NA HÉILLE.

Tháinig olc ar chuid mhór de na Breatnaigh, agus ghríosaigh siad a muintir chun slua a thógáil agus an ruaig a chur ar na Sasanaigh. Ach pé priacal a bhí ag baint leis an gcaisleán, bhí drogall ar dhaoine an tsíocháin a bhriseadh.

Ghlaoigh Eingist ar thrí chéad flaith Breatnach den chuid a bhí ag súil le síocháin a dhéanamh leis na Sasanaigh, ag impí orthu teacht chun an tsíocháin a dhaingniú.

Tháinig trí chéad uasal maorga gléasta is iad ag marcaíocht ar eacha taibhseacha go daingean Eingist, a bhí suite ar an gcarraig ollmhór a fuair sé ó Fhoirtchearn lena ghlíceas.

Chuir Eingist na Féasóige Trilsí fáilte roimh na haíonna ar an má laistíos de Chathair na hÉille.

Chun an conradh a cheiliúradh, d'fhág na gaiscígh a gcuid arm ina ndiaidh, agus chuaigh siad i dtreo an fhéasta a eagraíodh don chruinniú.

Agus an fheoil á róstadh ar na bioranna agus a raibh sna coirí á fhiuchadh, chruinnigh gach duine i gciorcal mór agus shuigh siad, flaith Breatnach in aice le gaiscíoch Sasanach.

Le titim na hoíche, bhí scleondar ar na Cymry agus tugadh nua gach bia agus sean gach dí dóibh.

10.

Nocht na Sasanaigh na miodóga a bhí faoi cheilt ina gcuid bróg agus sháigh siad i muineál na mBreatnach iad.

Agus na Breatnaigh i ndea-ghiúmar, sheas Eingist chun fáilte a chur roimh na haíonna.

Ansin, dúirt sé trí fhocal mharfacha ina theanga ghránna féin, rún ceilge nach dtuigfeadh ach a dhream féin... NOCHTAIGÍ NA LANNA!

Doirteadh an fhuil ina slaoda go dtí nár mhair ach beirt Bhreatnach.

Bhí Foirtchearn ar dhuine díobh. Shocraigh Eingist ar a choimeád beo le haghaidh airgead a fhuascailte a fháil. Ba é Flaith na Cathrach Glé, AEDAL, an dara duine. Agus an t-ár marfach ar bun, tháinig le hAedal arm a chéile comhraic a bhaint de. Rug sé ar chuaille bíorach agus dhein sé Sasanaigh a mharú ina scórtha leis.

Scaipeadh an cuntas a thug Aedal ar FHEALL NA MIODÓG FADA ar fud an oileáin. Foláireamh ba ea é faoi fheall is faoi chealg na Sasanach.

Bhí deargolc ar na Breatnaigh ó cheann ceann d'Inis na gCumhachtach agus dhein siad iad féin a ullmhú chun cogaidh.

11.

Roinnt míonna ina dhiaidh sin, tar éis imeacht theas an tsamhraidh agus le teacht an fhómhair, bhí beirt mharcach ag dul trasna gleanna ar a eacha tuirseacha...

Coimeádaigí greim maith air!

HÁ HÁ HÁ HÁ!

Hóigh! Cad faoi deara an gáire?!

Is í an phleidhcíocht a chuireann ag gáire mé, ar ndóigh!

An phleidhcíocht, an ea? Tar anuas agus déanfaidh mé thú a bhatráil i gceart! Is ansin a fheicfimid an fiú a bheith ag magadh fúm!

A dhailtín gan athair!

Dé do bheatha, a mhic! Labhair liom!

12.

18

Cad a dúirt tú?

Thug sé dailtín gan athair orm, rud a thugann le fios gur mise an té atá uaibh.

Hea?! Conas go bhfuil a fhios agat go...?

Is mór m'eolas!

Agus is iomaí rud a bhfuil eolas agam air. Tá an méid sin eolais agam is nach mbeadh a leath de agaibh fiú dá mairfeadh sibh céad míle bliain.

Tá a fhios agam gur saoradh an Rí Foirtchearn ar mhórán tailte is bailte i ndiaidh fheall Eingist.

Tá a fhios agam gur bhailigh Foirtchearn a lucht leanúna is gur ghlac sé tearmainn in iargúil na Breataine. Is éard is mó atá ag cur eagla air ná an t-amhras go ndéanfaidh ceannaire mórchumhachtach é a chluicheadh, is go mbeidh a chloigeann féin ar cheann de chloigne ár naimhde cloíte.

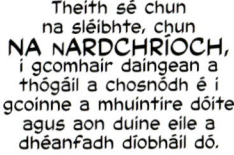

Theith sé chun na sléibhte, chun **NA NARDCHRÍOCH**, i gcomhair daingean a thógáil a chosnódh é i gcoinne a mhuintire dóite agus aon duine eile a dhéanfadh díobháil dó.

Ach bíonn an talamh ar crith istoíche, agus títeann na ballaí a thógtar sa lá.

D'iarr Foirtchearn comhairle ar shaoithe ag lorg leigheas na mallachta. Bhí siad go léir ar aon intinn le chéile: níorbh fholáir fuil mic gan athair a dhoirteadh ar bhunchlocha an daingin.

Chuir Foirtchearn ar turas sibh, ag lorg mac gan athair. Féachaigí, is anseo atáim, i mo sheasamh os comhair beirt teachtairí dár baineadh an chaint!

Ach caithimis uainn an righneas! Ar aghaidh linn! Tá an Rí Foirtchearn ag feitheamh linn!

Agus é ag marcaíocht ar láir a fuair sé óna athair altrama, thug Muirdhún slán lena mhuintir – ach gheall sé dóibh nach ndéanfaí aon díobháil dó. Bhí intinn na beirte teachtairí a bhí ag marcaíocht leis suaite ag an mac gan athair seo.

Ar chuala sibh aon trácht ar Ghealéadan?

Cé hé?

Níor chuala.

Inseoidh mé scéal a athbhreithe daoíbh – scéal FHINN BHIG.

Tosaíonn an scéal i ᵹCEANN NA LINNE, i ríocht THOSTAIGH MHAOIL.

Bhí Tostach pósta le CUARBHEAN. Ní foláir nó chuala sibh trácht uirthíse – tá clú agus cáil uirthi ar fud na Breataine, de bharr a cuid draíochta.

Rugadh tríúr clainne di: CREADAIRUBH, a bhí ar dhuine de na cailíní ab áille dá mhair riamh; MUIRBHRAN, duine bocht míchumtha; agus ANTEIMHEAL, a bhí ar dhuine de na mic ba neamhshuntasaí ba leimhe dá raibh sa Bhreatain an uair sin.

Lá amháin, shocraigh Cuarbhean ar chúnamh a thabhairt d'Anteimheal le deoch a ullmhú a bhéarfadh léargas agus fios agus eagna dó.

Is amhlaidh a bhí. Chuir cumhachtaí neamhshaolta na mná eagla ar an mbeirt, agus dá bhrí sin, ghéill síad dá mian.

Bhí a fhios aici cad é ábhar ceart na dí, agus thuig sí ina haigne gurbh fholáir an deoch a bheith ar suanbhruith sa choíre ar feadh bliana sula bhféadfadh Anteimheal trí bhraon di a ól a chuirfeadh i mbláth é.

D'ordaigh Cuarbhean d'fhear óg darbh ainm FIONN BEAG agus do sheanduine liath dall darbh ainm DEA-MHUIR, bliain a chaitheamh ag suaítheadh na dí agus á coimeád ar suanbhruith.

Ar an lá roimh an lá deireanach den bhlíain fhada úd, d'imigh Cuarbhean ag lorg luibheanna draíochta, agus cuireadh an coire faoi chúram Fhinn. Bhí Dea-Mhuir ina chodladh sámh ina aice i ndiaidh dó an oíche a chaitheamh ag suaítheadh.

14

Is ar éigean a chodail
Fionn néal an oíche roimhe
sin, agus thit sé a chodladh
le linn fhaire na hoíche
agus é fós ina sheasamh.
Tar éis tamaillín, thosaigh
an deoch ag fiuchadh.

Ach ba iad
siúd na trí bhraon
feasa a bhí le hól ag
Anteimheal. Tháinig
eolas domhain ar
Fhionn ar an toirt.
Thuig sé ina aigne nár mhaithfeadh
Cuarbhean an méid
sin dó agus mar sín,
theith sé lena anam.

Agus an deoch ar
fiuchadh go láidir,
steall trí bhraon di ar
lámh le Fíonn. Chun
an dó a mhaolú, chuir
sé na méara ina bhéal.

D'impigh an seanduine
uirthi, á rá nárbh
eisean a bhí ciontach as
an díobháil, gur thit an
dochar amach le linn a
sheal codlata, is mar sín,
gur ag Fionn a bhí an
pionós tuillte, má bhí
sé tuillte ag aon duine.

Thuig Cuarbhean go raibh
Dea-Mhuir ag insint na
fírinne. D'imigh sí ag lorg
an fhir óig agus níorbh
fhada gur rug sí air.

Ar fhilleadh ar an
gcoire di, chonaic
Cuarbhean go raibh sé
briste agus go raibh an
deoch ag rith i sruth
isteach i sruthán a bhí
i gcóngar. Rug sí ar
phíosa adhmaid agus
bhatráil sí Dea-Mhuir
gan trua gan taise.

Agus eagla an domhain
air, dhein Fionn giorria
de féin. I bhfreagairt air
sin, dhein Cuarbhean cú di
féin is í ag teannadh leis.

Dhein Fionn
bradán de féin;
dhein Cuarbhean
madra uisce
di féin.

Chuaigh Fionn
i riocht gealbhain;
chuaigh Cuarbhean
i riocht seabhaic.

Nuair a dhein
Fionn gráinne
arbhair de féin,
dhein Cuarbhean
cearc dise féin
agus d'ith sí é.

15.

D'fhill Cuarbhean abhaile agus níorbh fhada gur thuig sí go raibh sí ag iompar clainne.

Bhí a fear céile, Tostach Maol, i bhfad ó bhaile le tamall fada. Thuig Cuarbhean ar an toirt cad faoi deara í a bheith torrach.

Is é an leanbh a bhí ina broinn ná Fionn Beag, an gráinne a shlog sí. Agus bhí sé ag fás roimh a athbhreith.

Le gliceas is le draíocht, choimeád sí an toircheas faoi cheilt. Chuaigh sí go háit iargúlta i gcomhair an leanbh a shaolú agus shocraigh sí ar é a mharú chomh luath agus a bhéarfaí é.

Ach nuair a rugadh an leanbh, chonaic Cuarbhean a áille a bhí sé agus thuig sí ina haigne nach bhféadfadh sí an gnó a chur i gcrích.

Dhein sí naomhóigín as bogluachair is as caonach, agus chuir sí ar snámh í is an leanbh inti, á fhágáil faoina chúram ar an uisce.

Is maith an scéal é sin... ach cad a thit amach sa deireadh?

Pé olc maith an scéal, is fíor é!

Tá an naomhóg ag dul le sruth na habhann faoi láthair! Bíodh foighne agaibh agus feicfidh sibh conas a thitfidh an chuid eile den scéal amach!

Is leor a rá nach gcuireann an chinniúint a cos fúithi is go mbeidh an leanbh úd ar dhuine de na baird is fearr sa Bhreatain – is é sin, GEALÉADAN.

16,

An chéad mhaidin eile, thug an triúr aghaidh ar na hArdchríocha arís.

Ar uairibh, dhéanadh Muirdhún sult lena dhul as radharc roimh theacht ar ais arís dó. Is éard a bhí uaidh ná a chur in iúl don bheirt teachtairí gur mhó a chumhacht féin ná cumhacht Fhoirtcheirn.

Agus le himeacht aimsire, chuaigh an bheirt teachtairí i dtaithí ar chleasanna glice Mhuírdhúin.

De réir a chéile, tharraing sé a meas air féin mar gheall ar a chumasaí a bhí sé.

Lá amháin, thit duine den bheirt teachtairí agus gortaíodh é. Chuaigh Muirdhún ag lorg luibheanna leighis, agus ba ghearr gur chneas sé an teachtaire.

Nuair a bhí bunchnoic na nArdchríoch bainte amach acu, bhí cean ag an mbeirt teachtairí ar an mbuachaill óg.

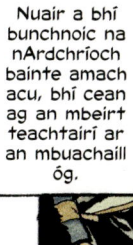

Ach anois, ba mhaith linn thú a choimeád ón gcinniúint a bheadh romhat, is é sin le rá, ón mbás.

Go raibh míle maith agaibh, ach fanfaidh mé in éineacht libh.

Éist, a mhic. Nuair a thosaíomar an turas ar ais go dtí an rí, is éard a bhí fúinn ná thú a thabhairt chuige, pé rud a bheadh i ndán duit.

Más maith leat filleadh abhaile, déan amhlaidh. Déarfaimid le Foirtchearn gur theip orainn.

Ná bíodh ceist oraibh! Ní dhéanfar aon díobháil dom.

17.

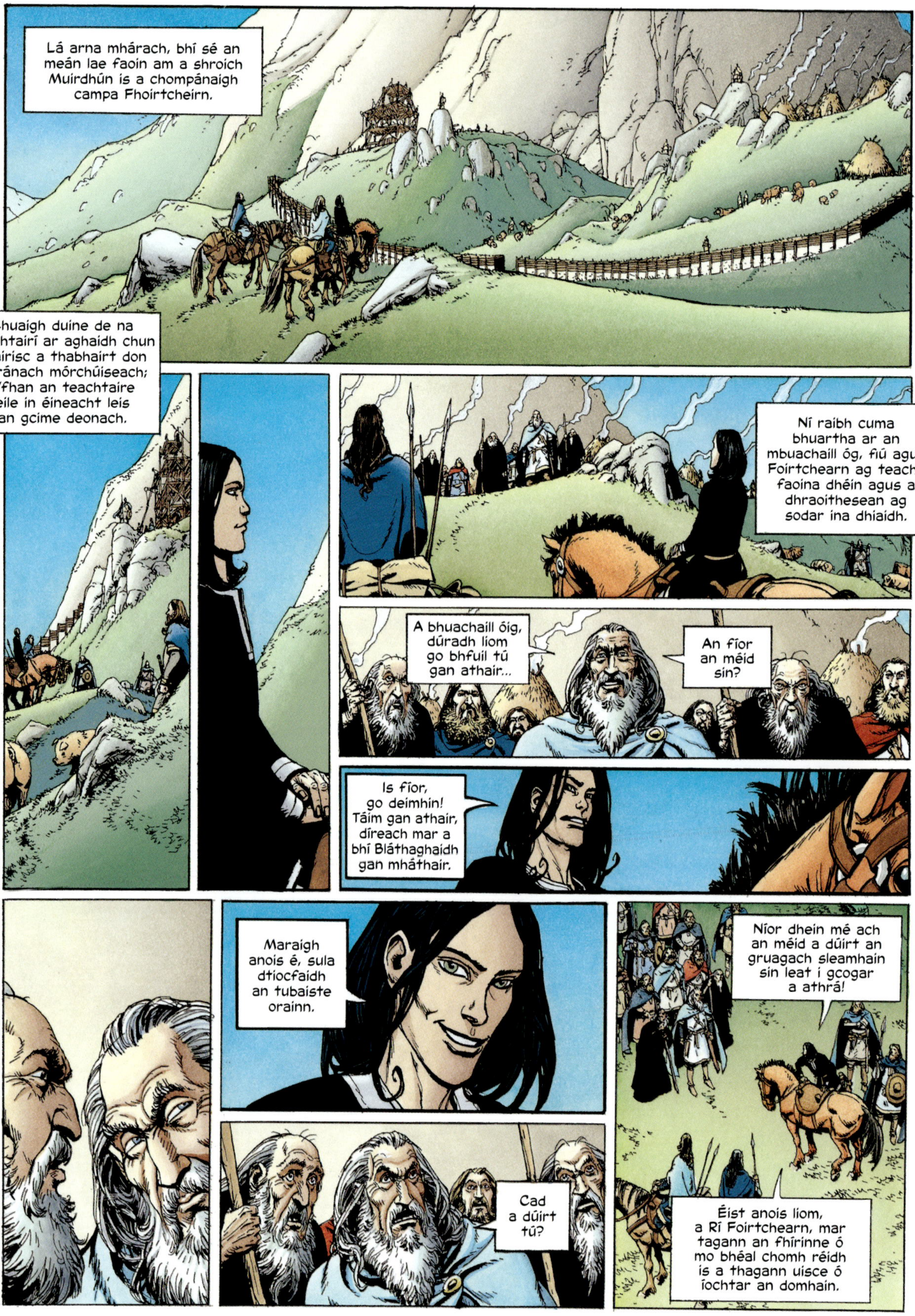
Lá arna mhárach, bhí sé an meán lae faoin am a shroich Muirdhún is a chompánaigh campa Fhoirtcheirn.
Chuaigh duine de na teachtairí ar aghaidh chun tuairisc a thabhairt don tíoránach mórchúiseach; d'fhan an teachtaire eile in éineacht leis an gcime deonach.
Ní raibh cuma bhuartha ar an mbuachaill óg, fiú agus Foirtchearn ag teacht faoina dhéin agus a dhraoithesean ag sodar ina dhiaidh.
A bhuachaill óig, dúradh liom go bhfuil tú gan athair...
An fíor an méid sin?
Is fíor, go deimhin! Táim gan athair, díreach mar a bhí Bláthaghaidh gan mháthair.
18.
Maraigh anois é, sula dtiocfaidh an tubaiste orainn.
Cad a dúirt tú?
Níor dhein mé ach an méid a dúirt an gruagach sleamhain sin leat i gcogar a athrá!
Éist anois liom, a Rí Foirtchearn, mar tagann an fhírinne ó mo bhéal chomh réidh is a thagann uisce ó íochtar an domhain.

Agus sibhse, a shúmairí féinamhrasacha, ní fhéadfadh sibh dealú idir an lámh dheas agus an lámh chlé oíche dhorcha.

Sibhse a mhol d'Fhoirtchearn mé a thabhairt anseo is a mharú. Ní raibh a fhios agaibh, áfach, go gcuirfinn an iarracht ar neamhní!

A fheara suaracha a dhein dearmad ar eagna ár sinsir nuair a chuir na Sasanaigh in bhur gcoinne!

Táim anseo chun ceacht a mhúineadh daoibh agus an fhírinne a thabhairt chun solais!

Nochtfaidh mé cad faoi deara an talamh a bheith ar crith.

Abair leis na fir tochailt agus ní fada go nochtfar uisce.

Uisce, an ea? Cad a tharlóidh ansin?

Fan go bhfeice tú.

Chrom lucht leanúna Fhoirtcheirn ar thochailt. De réir mar a lean an tochailt ar aghaidh, d'éirigh an spéir ní ba dhorcha.

Nuair a thosaigh an t-uisce ag stealladh isteach sa pholl mar a thuar Muirdhún, dhein scamaill dhorcha an ghrian a fholú agus bhí sé mar a bheadh oíche ann.

Anois, a rí gan éifeacht... féach!

Féach a raibh faoi cheilt go dtí seo!

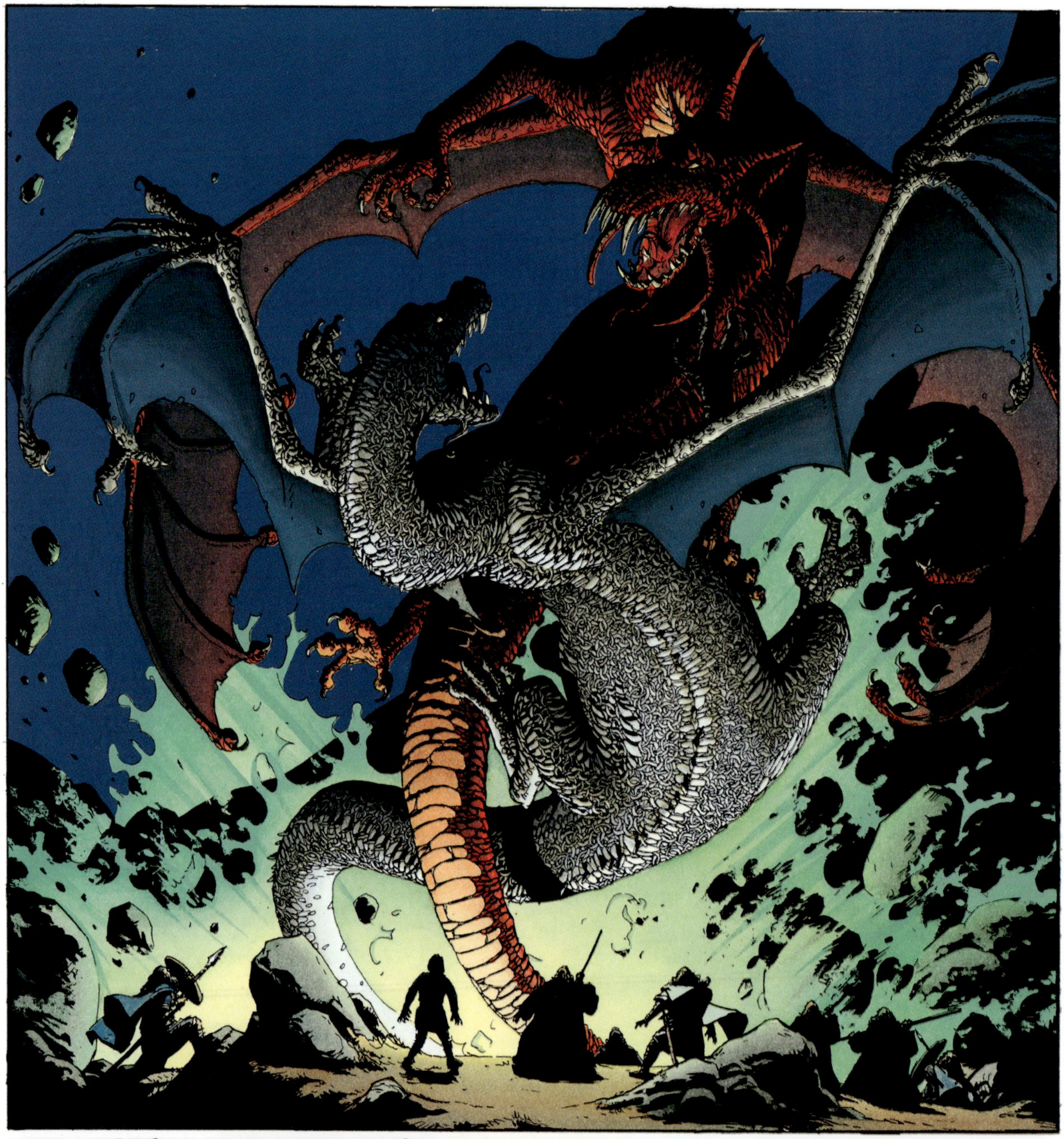

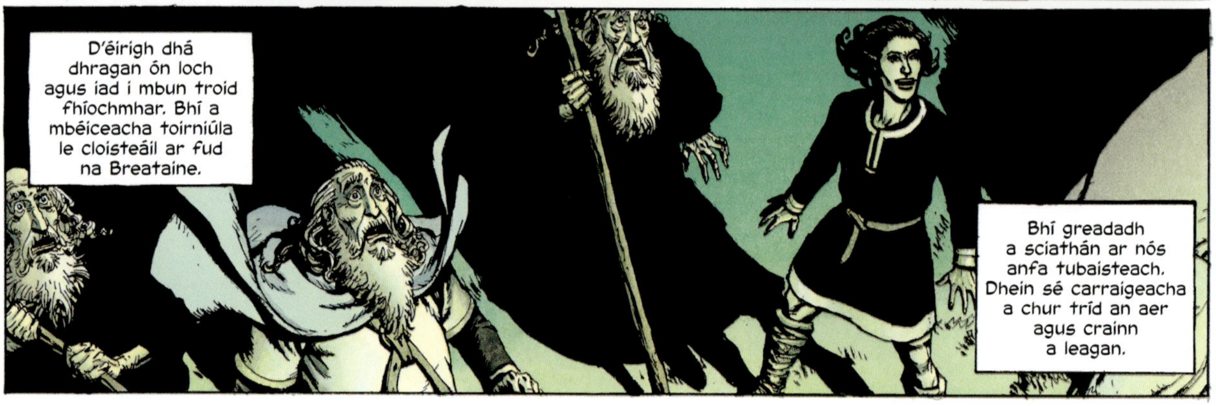
D'éirigh dhá dhragan ón loch agus iad i mbun troid fhíochmhar. Bhí a mbéiceacha toirniúla le cloisteáil ar fud na Breataine.
Bhí greadadh a sciathán ar nós anfa tubaisteach. Dhein sé carraigeacha a chur tríd an aer agus crainn a leagan.

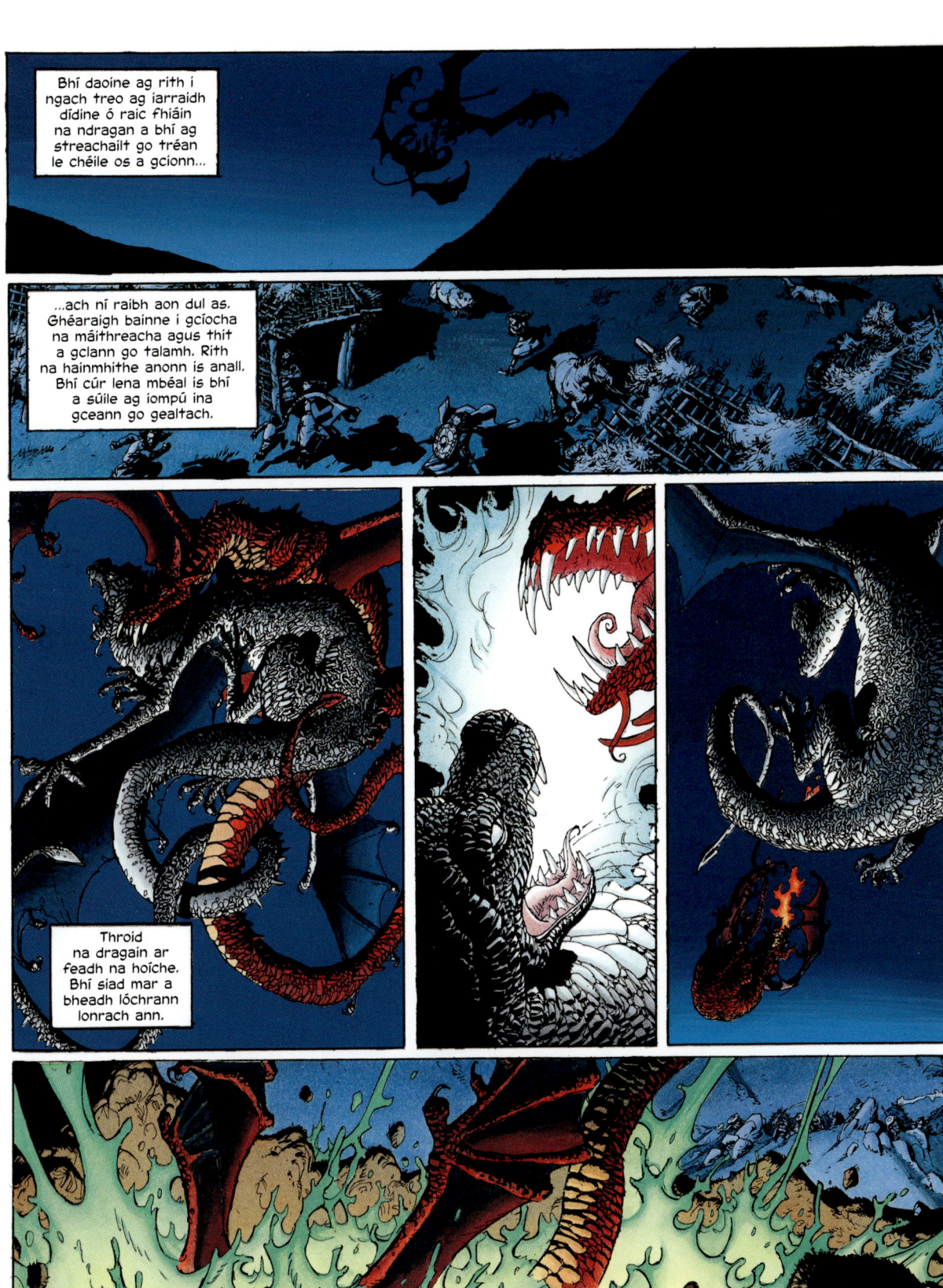

Bhí daoine ag rith i ngach treo ag iarraidh dídine ó raic fhiáin na ndragan a bhí ag streachailt go tréan le chéile os a gcionn...

...ach ní raibh aon dul as, Ghéaraigh bainne i gcíocha na máithreacha agus thit a gclann go talamh. Rith na hainmhithe anonn is anall. Bhí cúr lena mbéal is bhí a súile ag iompú ina gceann go gealtach.

Throid na dragain ar feadh na hoíche. Bhí siad mar a bheadh lóchrann lonrach ann.

Cé go raibh an bua aige, goineadh an dragan geal go marfach leis an dragan dearg.

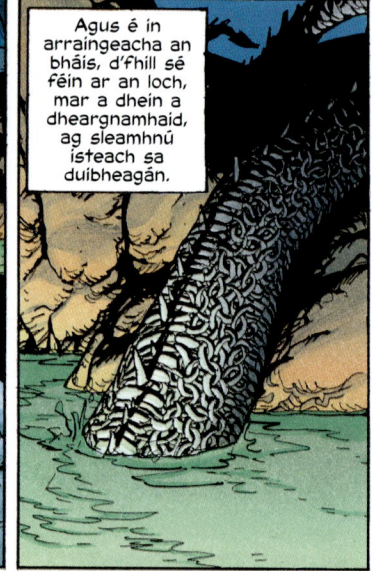

Agus é in arraingeacha an bháis, d'fhill sé féin ar an loch, mar a dhein a dheargnamhaid, ag sleamhnú isteach sa duibheagán.

Éist, a Fhoirtcheirn. Tusa an dragan dearg. Cé hé an dragan geal ach an té a rachadh i gceannas ar na Cymry sula fada.

Díreach mar a throid an dragan geal leis an dragan dearg, troidfidh an té atá le teacht leatsa.

Agus díreach mar a d'éag an dragan dearg, éagfaidh tú féin sa tine.

Cé hé an té úd?

Ní féidir liom an méid sin a nochtadh, ach ní fada go mbeidh sé chomh lonrach leis an ngrian.

Téigh go háit éigin eile agus déan daingean a thógáil a threise agus is mian leat.

Ach dá threise agus dá airde é, ní sheasfaidh na ballaí i gcoinne cholg fíochmhar mhuintir na Breataine. Nuair is mithid díol as an bhfeall a dhein tú, múchfar ar nós coinnle thú.

I ndiaidh dó an méid sin a rá, d'iompaigh Muirdhún i dtreo éirí na gréine agus d'imigh sé leis. Níor cuireadh aon bhac air.

D'imigh trí bliana thart. Deineadh fear de Mhuirdhún, is é ag taisteal timpeall Inis na gCumhachtach agus mac tíre aige mar chomrádaí.

Agus é ar an iargúil sna coillte, chuaigh sé i dtaithí le créatúirí beaga is móra.

Le himeacht aimsire, bhí eolas aige ar gach aon saghas crainn is planda is blátha. Thuig sé an leigheas a bhain leo — agus an nimh.

D'fhoghlaim sé faoi shaol an ghnáthdhuine agus é ag tabhairt cuairt ar gach treibh, pé suarach maorga a n-áitreabh...

...chuaigh sé chun an tí is lú is chun an daingín is mó.

Pé áit a dtéadh sé, chuireadh sé ionadh ar mhuintir na háite leis an eolas a bhí aige agus chuireadh sé ag gáire iad lena scéalta iontacha.

Ag deireadh na dtrí bliana sin, bhí clú agus cáil air ar fud na Breataine. Ní raibh a shárú ann ríamh maidir le heolas ar an oileán, ná ní bheidh go deo.

23.

Le linn na dtrí bliana sin, dhein na Cymry iarrachtaí in aisce ar theacht le chéile is ar an gceart a chur i gcrích.

...go dtí deireadh geimhridh amháin nuair a tháinig ceannaire cumasach ar an bhfód.

Ach theip orthu gach uair. Chuaigh gach iarracht amú de dheasca achrainn agus aighnis eatarthu féin...

Taoiseach treibhe mórchumhachtaí ba ea é. Gaiscíoch calma. Fear fíréanta flaithiúil.

AMBRÓS ab ainm dó agus Ardtiarna na mBreatnach ar fad ba é é. Threoraigh sé a mhórshlua i dtreo na sléibhte, i dtreo na nArdchríoch.

Chuaigh siad go háit darbh ainm GUINNIS. Is ann, lastuas de ghleann domhain iargúlta in aice na farraige, a bhí daingean maorga Fhoirtcheirn.

Ach cé go ndeirtí go raibh sé dochloíte, fuair an tíoránach gránna bás nuair a deineadh grian oíche dá dhaingean leis an tine.

Sula raibh gríosach na tine múchta, thug Ambrós agus a shlua a n-aghaidh ar na Sasanaigh.

Mhóidigh na Cymry go gcuirfidís an ruaig ar an namhaid faoi dheireadh is faoi dheoidh, ach bhí daingean do-ghafa na Sasanach rompu.

Thóg Eingist Cathair na hÉille ar charraig nárbh fhéidir a shárú le neart arm.

Cailleadh mórán Breatnaigh chalma is iad ag iarraidh an daingean a ionsaí.

I ndeireadh na dála, ní raibh le déanamh ach imshuí a chur air. Ach scaoil spiairí Eingist cad a bhí faoi na Breatnaigh a dhéanamh agus mar sin, d'ullmhaigh sé é féin go maith.

I ndiaidh laethanta fada gan dul chun cinn, ghairm Ambrós a chomhairleoirí ag iarraidh caoi a fháil ar bhriseadh ar na Sasanaigh.

Luadh Muirdhún agus moladh go hard é ó thaobh a eolais agus a dhraíochta.

Bhí fonn ar Ambrós tuilleadh eolais a fháil ina thaobh agus mar sin, sheol sé teachtairí ar fud na Breataine á lorg.

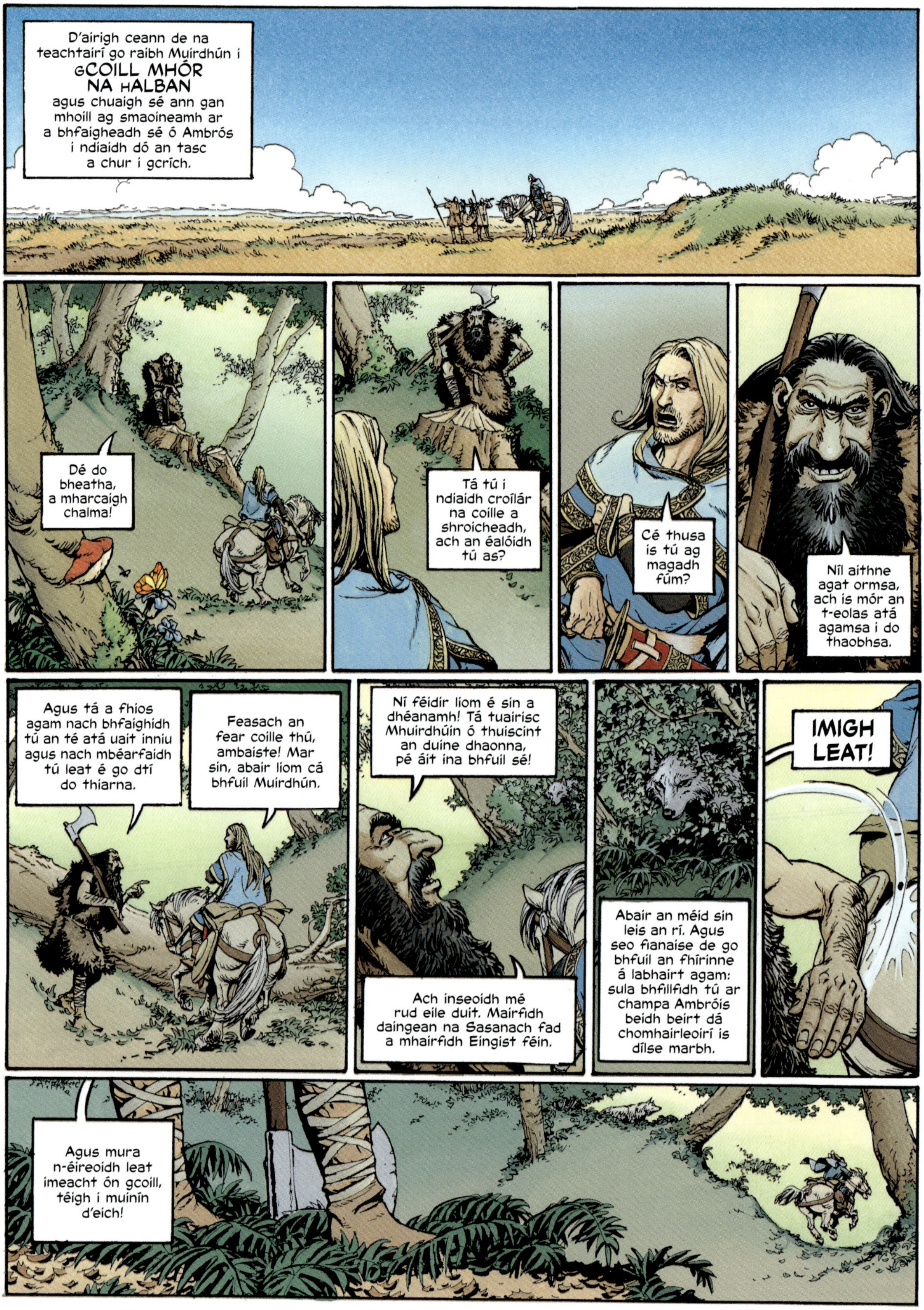
D'airigh ceann de na teachtairí go raibh Muirdhún i gCOILL MHÓR NA hALBAN agus chuaigh sé ann gan mhoill ag smaoineamh ar a bhfaigheadh sé ó Ambrós i ndiaidh dó an tasc a chur i gcrích.
Dé do bheatha, a mharcaigh chalma!
Tá tú i ndiaidh croílár na coille a shroicheadh, ach an éalóidh tú as?
Cé thusa is tú ag magadh fúm?
Níl aithne agat ormsa, ach is mór an t-eolas atá agamsa i do thaobhsa.
Agus tá a fhios agam nach bhfaighidh tú an té atá uait inniu agus nach mbéarfaidh tú leat é go dtí do thiarna.
Feasach an fear coille thú, ambaiste! Mar sin, abair liom cá bhfuil Muirdhún.
Ní féidir liom é sin a dhéanamh! Tá tuairisc Mhuirdhúin ó thuiscint an duine dhaonna, pé áit ina bhfuil sé!
Ach inseoidh mé rud eile duit. Mairfidh daingean na Sasanach fad a mhairfidh Eingist féin.
Abair an méid sin leis an rí. Agus seo fianaise de go bhfuil an fhírinne á labhairt agam: sula bhfillfidh tú ar champa Ambróis beidh beirt dá chomhairleoirí is dílse marbh.
IMIGH LEAT!
Agus mura n-éireoidh leat imeacht ón gcoill, téigh i muinín d'eich!

26.

Níor bhac an teachtaire leis an méid a dúirt an fear coille. Chaith sé roinnt laethanta eile ag lorg Mhuirdhúin in aisce.

Nuair a d'fhill sé ar champa Ambróis, d'airigh sé gur maraíodh beirt de chomhairleoirí Ambróis le linn ruathar a thabhairt ar na Sasanaigh dóibh agus cuireadh ionadh an domhain air.

D'inis sé d'Ambrós gur bhuail sé le fear coille feasach. Spreag an méid sin fiosracht sa rí agus shocraigh sé ar chuairt a thabhairt ar Choill Mhór na hAlban é féin.

Agus é ann ina aonar, gan a lucht leanúna, bhí sé ag súil go dtiocfadh sé ar Sheanfhear na Coille...

Dé do bheathasa, a Rí Ambrós! Moladh leat! Go raibh do chlaíomh fuilteach, go méadaítear do shluaite agus go raibh do bhreithiúnas cóir críonna!

An bhfaca tú fear darb ainm Muirdhún sna bólaí seo?

Chonaic!

Agus dúirt sé gur chóir duit lóistín a fháil i mbaile beag na treibhe is congaraí dúinn agus feitheamh ann leis.

Ó tharla go raibh Ambrós ní ba chríonna ná a theachtaire, ghlac sé comhairle an tuathánaigh. Fuair sé lóistín i halla thaoiseach na háite is níor cheart a rá nach raibh baint ag scéimh bhean an taoisigh leis an gcinneadh.

D'imigh lá i ndiaidh lae. Ach oíche amháin...

Dúisigh, a Ambróis, agus éist liom!

Maraíodh Eingist agus é ag iarraidh éalú óna dhaingean! Ba chóir duit filleadh ar do lucht leanúna!

Bhí Ambrós ag déanamh a shlí go Cathair na hÉille roimh éirí na gréine.

27.

33

Cé a bhain an ceann seo? Gheobhaidh sé luach a shaothair!

A Rí Ambrós, nárbh fhíor a ndúirt mé?

Tusa! Cé thusa? Conas gur tháinig tú anseo?

Foighne ort! Nach leor ceist amháin ar dtús?

Is é an fear seo a thug ceann Eingist chugainn!

A Ambróis? Cad atá ort?

An buachaill óg... bhí sé anseo tá nóiméad ó shin!

An buachaill óg, a Ambróis?!

Seo Muirdhún!

Anois, imigí uainn.

Bhí údarás chomh mór sin lena chuid cainte nár fhéad aon duine cur ina choinne, an rí féin san áireamh.

28.

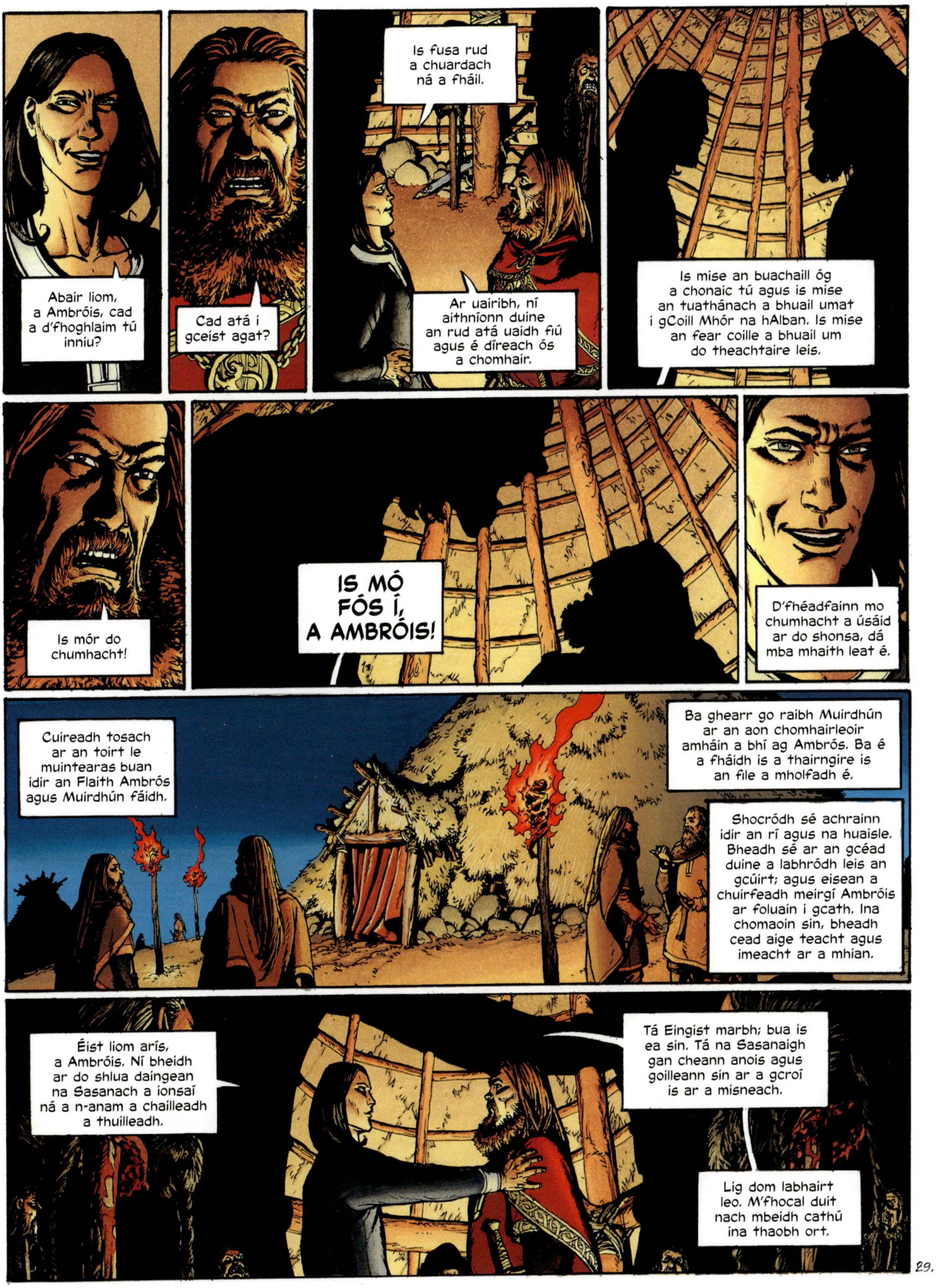
Abair liom, a Ambróis, cad a d'fhoghlaim tú inniu?
Cad atá i gceist agat?
Is fusa rud a chuardach ná a fháil.
Ar uairibh, ní aithníonn duine an rud atá uaidh fiú agus é díreach ós a chomhair.
Is mise an buachaill óg a chonaic tú agus is mise an tuathánach a bhuail umat i gCoill Mhór na hAlban. Is mise an fear coille a bhuail um do theachtaire leis.
Is mór do chumhacht!
IS MÓ FÓS Í, A AMBRÓIS!
D'fhéadfainn mo chumhacht a úsáid ar do shonsa, dá mba mhaith leat é.
Cuireadh tosach ar an toirt le muintearas buan idir an Flaith Ambrós agus Muirdhún fáidh.
Ba ghearr go raibh Muirdhún ar an aon chomhairleoir amháin a bhí ag Ambrós. Ba é a fháidh is a thairngire is an file a mholfadh é.
Shocródh sé achrainn idir an rí agus na huaisle. Bheadh sé ar an gcéad duine a labhródh leis an gcúirt; agus eisean a chuirfeadh meirgí Ambróis ar foluain i gcath. Ina chomaoin sin, bheadh cead aige teacht agus imeacht ar a mhian.
Éist liom arís, a Ambróis. Ní bheidh ar do shlua daingean na Sasanach a ionsaí ná a n-anam a chailleadh a thuilleadh.
Tá Eingist marbh; bua is ea sin. Tá na Sasanaigh gan cheann anois agus goilleann sin ar a gcroí is ar a misneach.
Lig dom labhairt leo. M'fhocal duit nach mbeidh cathú ina thaobh ort.
29.

Bhí sin amhlaidh. Agus le cead Ambróis, chuaigh Muirdhún go daingean na Sasanach agus d'inis sé dóibh go raibh na Cymry réidh le ligean dóibh imeacht lena n-anam ach iad an t-oileán féin a fhágáil.

Le héirí na gréine agus na Breatnaigh ag féachaint go géar orthu, d'imigh na Sasanaigh ón daingean i dtreo na farraige.

Ardaíodh na seolta is d'imigh loingeas na Sasanach ó Oileán na Breataine.

Thug Ambrós Cathair na hÉille agus na tailte máguaird do dhílseoirí Breatnacha, mar chúiteamh sna tailte a chaill siad.

Mo náire thú, a rí lochtaigh, is tú ag fágáil an talaimh seo faoi smál.

A Mhuirdhúin? Cad ina thaobh a bhfuil tú ag tabhairt achasáin dom?

Ar imigh sé as do cheann go bhfuil an talamh seo fliuch báite le fuil na dtrí chéad gaiscíoch a maraíodh le cealg?

Nár chóir urraim a thabhairt dóibh ar shlí ní b'fhearr ná sin?

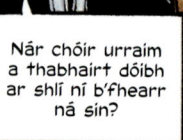

Is fíor duit. Cuireann do chuid cainte náire orm. Cad ba chóir dom a dhéanamh?

Déan rian na háite seo a shá i gcuimhne mhuintir na Breataine.

Comóir na mairbh le leacht nach bhfacthas a leithéid riamh sa tír seo, rud a choimeádfaidh Eingist is a fheall Sasanach i gcuimhne go brách!

30.

Tamall ina dhiaidh sin, thosaigh loingeas ag seoladh thar muir i dtreo na hÉireann.

Bhí slua mór Breatnach ar bord faoi cheannas Mhuirdhúin. Fir ba iad a roghnaigh Ambrós féin i gcomhair an turais.

Nuair a tháinig na Breatnaigh i dtír, chuir siad an loingeas i bhfolach, agus lean siad an saoi ón bhfarraige, gan a fhios a bheith acu cá raibh a dtriall ná cad a bheadh le déanamh acu.

Cad chuíge a bhfuilimid anseo?

Bíodh foighne agaibh! Is fearr an míniú a thabharfaidh bhur súile daoibh.

Le contráth na hoíche...

Seo an áit, a chairde!

RINCE AN FHATHAIGH!

31

Le héirí na gréine, bhí lucht Mhuirdhúin ag obair go dian ag iarraidh na clocha a bhogadh ionas go bhféadfaí iad a thabhairt thar sáile chun Inis na gCumhachtach.

Níorbh fhada gur thuig siad ina n-aigne nárbh fhéidir an gnó a chur i gcrích.

Le titim na hoíche ...

D'oibríomar an lá ar fad agus dheineamar ár seacht ndícheall ar do shon, a Mhuirdhúin, agus ar son an rí. Is oth linn a rá nár éirigh linn...

...is amhlaidh a sháraigh na clocha sinn!

Feicfimid cad a ráineoidh le breacadh an lae.

Ná bacaigí leis an obair a thuilleadh. Déanaigí bhur scíth a ligean.

Hea...?

FÉACHAIGÍ! TÁ NA CLOCHA IMITHE LE SRUTH!

Le fáinne an lae ní raibh cloch ar bith le feiceáil agus ní raibh aon fháil ar Mhuirdhún ach oiread.

Bhí ualach ar a gcroí is na Cymry ag imeacht ar ais chun na farraige.

Le linn an turais fhada thar farraige is thar tír go dtí an áit ina raibh Ambrós ag feitheamh leo, tháinig cuid mhór de na Breatnaigh a bhí ar bord ar an tuairim nár dhein Muirdhún iad a mhealladh go hÉirinn ach chun magadh a dhéanamh fúthu. Bhí náire orthu as an gcealg.

32

Tamaillín roimh éirí
na gréine, shroich
an slua tuirseach
Cathair na hÉille.

Le breacadh
an lae, tháinig
ionadh is alltacht
orthu.

Mar cad a bhí ann ach
na clocha. Deineadh
fáinne gan locht díobh.
Lonródh an ghrian
orthu ar maidin i lár an
tsamhraidh i dtreo go
gcuirfí an solas ag rince
ar an talamh ina dtimpeall.

Agus cé a bhí ag ligean
a scíthe in aice leis na
clocha Muirdhún féin. Bhí
ribe féir aige á chogaint
agus é ar a shuaimhneas
ag féachaint ar na fir
a bhí ag teacht.

Bhí Ambrós
agus a lucht
leanúna ina
measc agus
iontas an
domhain
orthu.

Bhí na
Breatnaigh
mórtasach as
an struchtúr
maorga agus
mhol siad
Muirdhún go
hard as a
dhiabhlaíocht.

Nuair a fiafraíodh
de conas a chuir sé
an t-éacht i gcrích,
áfach, ní raibh húm
ná hám as ach bhí
meangadh gáire air.

D'imigh Muirdhún
le sruth arís le
linn choirm na
hoíche sin. Ní raibh
a fhios ag aon duine
ach an rí go raibh
fonn air imeacht
agus thug seisean
cead dó.

33.

Agus an Bhreatain slán sábháilte ó chogadh, d'fhill Ambrós ar a chúirt i gcomhair a dhualgas a dhéanamh don mhuintir a bhí faoina chúram. Chuaigh Muirdhún abhaile chun an bhaile bhig inar rugadh é.

I gcaitheamh na mblianta a chaith sé i bhfad ó bhaile, bhí Muirdhún ag fás is ag aibiú. Bhí a dheirfiúr, Fionndia, i mbláth leis.

An t-earrach roimhe sin, phós sí taoiseach na treibhe a bhí in aice láimhe, OIRIRCRÍ FIAL.

Tháinig ionadh an domhain uirthi nuair a chonaic sí Muirdhún ag teacht faoina déin maidin samhraidh. Ní fhaca siad a chéile leis na blianta, ón uair a tháinig sé chun urraim a thabhairt dá mháthair agus í ag fáil bháis.

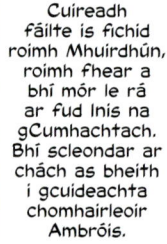

Cuireadh fáilte is fichid roimh Mhuirdhún, roimh fhear a bhí mór le rá ar fud Inis na gCumhachtach. Bhí scleondar ar chách as bheith i gcuideachta chomhairleoir Ambróis.

Mhair an fhleá i gcúirt Oirircrí Fhéil trí lá is trí oíche agus bhí an bia is an deoch go flúirseach. Bhí deirfiúr Oirircrí, FIONNLÚIBÍN, ann chomh maith.

Bean álainn cheanntréan ba ea í, ach dá ainneoin sin, ní raibh sí slán ó mhealltacht Mhuirdhúin agus thit sí i ngrá leis láithreach. Ní hamháin sin, ach chuir sise an chluain airsean chomh maith.

Sula fada, nocht siad a gcroí dá chéile agus phós siad. Tháinig daoine ó chian is ó chóngar chun freastal ar an mbainis.

Chuir Muirdhún is Fionnlúibín fúthu ar fheirm chóngarach d'Oirircrí, agus bhí siad sona sásta. Ní chuireadh sé isteach ar an mbean óg nuair a d'imíodh a fear céile ar feadh na laethanta.

Oíche ghealaí amháin, chuaigh Muirdhún isteach sa choíll ar aistear arís gan aon duine fairis ach an mac tíre. D'fhanadh an mac tíre san iargúil nuair a d'fhilleadh Muirdhún ar a mhuintir féin.

DÉ DO BHEATHASA, A FHINN BHIG!

Féach anois, cé thusa?

Tá agam! Is tusa Muirdhún!

Is mé.

An saoi féin! An fear a thóg ciorcal liag i gcuimhne na dtrí chéad Breatnach a dúnmharaíodh san áit úd!

Ní dóigh liom gur de sheans a bhuail tú umam.

Is fíor duit! Déanaímis comhrá, a Ghealéadain.

Ach roimhe sin, an neosfá dom cad a tharla don naomhóigín úd. Níor chuala mé ach cuid den scéal ó mo chairde a mhaireann san uisce is sa talamh is sa spéir. Ní fhéadann aon duine ach tusa an chuid eile den scéal a insint.

Inseoidh mé agus fáilte!

Chaith mé naoi lá agus naoi n-oíche i gcuilithe na habhann gan ocras gan tart gan chaoineadh. Dhéanadh an fhearthainn mo bheola a fhliuchadh agus léimeadh na héisc isteach i mo bhéal i gcomhair mé a chothú.

35.

Um thráthnóna le linn an deichiú lá, bhain mé an t-imeall amach faoi dheireadh.

Nuair a ardaíodh an líon, thuig sé nach raibh iasc ar bith ann.

Bhí rí darbh ainm **FIOSEINEACH**, ar a dtugtaí **AN CHORR ARD**, ina chónaí san áit sin agus bhí ceann de thrí iontas na Breataine aige, ba é sin líon sailí a dhéanfadh a oiread sin éisc a ghabháil is a chothódh an treibh go léir ach é a chur san uisce thar oíche.

Bhí mac ag Fioseineach darbh ainm **AILLIONN**, agus bhí sé ar dhuine de na mic ba mhíshona dár rugadh riamh. An oíche úd, chun misneach a thabhairt dó, d'iarr Fioseineach air an líon a tharraingt.

Ní raibh ann ach naomhóigín bheag.

Agus is éard a bhí sa naomhóigín ná mise. Bhí cion ag Aillionn orm ó thosach agus thug sé Gealéadan orm. Bhí barr a chroí aige.

Thosaigh a athair ag gearán nuair a dúirt Aillionn leis nár ghabh sé a oiread is iasc amháin, ach tháinig dea-ghiúmar air chomh luath agus a chonaic sé m'aghaidh,

Agus tháinig ionadh is alltacht ar an mbeirt acu i ndiaidh dom mé féin a théamh agus blúirín bia a ithe mar thosaigh mé ar mo scéal a insint, scéal Fhinn Bhig is Chuarmhná, scéal a d'inis mé go healaíonta i bhfoirm dáin.

Go raibh maith agat, a Aillínn, as fáilte chomh fial seo a chur romham!

Anois, éist go géar liom agus ná déan dearmad ar fhocal de mo chaint. Is mise Gealéadan, agus sula fada beidh m'ainm ag lonrú i measc réiltíní gan chuntas an aeir. Gabhfaidh mé ardbhuíochas leat agus déanfaidh mé comaoin do dhaonnachta ort.

36.

Is i dtigh Aillinn a chaith mé na chéad cheithre bliana eile. Deineadh buachaill óg díom le himeacht na haimsire sín, rud a chuir ionadh agus alltacht ar Fhioseineach agus ar a mhuintir.

Dhein mé mo sheacht ndícheall ar mhisneach a chur ar Aillionn. De réir a chéile, deineadh duine teann cuideachtúil dea-labhartha den fhear óg scáfar.

Lá fómhair amháin, thug Aillionn faoi thuras chun na cúirte a bhí i NDÚN NA HABHANN MÓIRE, mar thug a uncail, MÁLCHÚ, Rí FHÉINE, cuireadh dó.

D'ól agus d'íth Aillíonn a dhóthain i nDún na hAbhann Móire is é ag éisteacht leis na baird is iad ag moladh an Rí Málchú go hard. Ach tar éis tamaill, chuaigh sé ar meisce agus thosaigh sé á mhaíomh gur aige féin, seachas ag Málchú, a bhí an bard ba thréithí agus an bhean ba dhílse sa Bhreatain.

Ach ba namhaid nimhneach Málchú. Tháinig olc air agus chuir sé Aillionn i ngeimhle. Ansin, d'ordaigh sé dá mhac tabhartha, do RÚN, bean Aillinn a mhealladh. Buachaill óg cumtha córach ba ea Rún a d'fhéadfadh aon chailín óg a chur ó chrích.

Ar fháil amach faoin uisce faoi thalamh dom, thug mé foláireamh do bhean mo phatrúin, agus mhol mé di a cuid éadaigh is a cuid seodra a chur ar a cailín aimsire is í a chur sa leaba ina hionad.

Mar sín, bhuail Rún craiceann leis an gcailín aimsire gan fhios dó féin. Roimh theacht na maidine, dhein sé an mhéar ar a raibh fáinne Aillinn a bhaint di agus d'fhill sé ar Dhún na hAbhann Móire gan mhoill.

Tarraingíodh Aillionn ón gcillín i nDún na hAbhann Móire ionas go bhfeicfeadh sé fianaise mhídhílseacht a mhná.

Méar róbheag agus ionga róshalach! Féach a ghairbhe atá an craiceann! Ní le mo bhean an mhéar sín!

Tháinig olc ar Mhálchú arís agus cuireadh Aillionn i ngeimhle athuair. Chonaic mé an gnó ar fad mar lean mé Rún gan fhios dó agus é ag brostú ar ais chun na cúirte.

Ar ball, agus spórt á dhéanamh ag an Ardbhard EININ don chomhluadar, thosaigh triúr filí cúirte ag aithris eachtraí a chuirfeadh maorgacht Mhálchú in iúl.

37.

Ach dhein mé mearbhall a chur orthu arís le cleasa glice! Níor tháinig gíog as a mbéal ach plobaireacht na leanaí.

Ansin, tháinig mé chun cinn. I gcomhair mearbhall ní ba mhó arís a chur ar bhaird Mhálchú chan mé le guth ard cumhachtach a chuir tosach le stoirm thoirniúil a thionlaic mé go dtí gur chríochnaigh mé an t-amhrán.

Nuair a d'aithin Málchú gurbh fhearr i bhfad mo ghuthsa ná guth aon duine eile a bhí ina chúirt ná sa tír go léir, d'ordaigh sé dá fhir Aillíonn a tharraingt ón gcillín arís – agus nuair a thosaigh mé ag canadh arís, thit na slabhraí uaidh.

Tháinig an t-uncail agus an nia chun athmhuintearais. Ansin, spreag mé Aillíonn chun a rá gurbh aigesean féin a bhí an t-each ba thapúla sa Bhreatain – mar aon leis an mbean ba dhílse is leis an mbard ab éirimiúla.

Socraíodh ar chomórtas a chur ar siúl trí lá ina dhiaidh sin. Thug mé dhá dhosaen craobhacha cuilinn dhóite don mharcach a bheadh ar each Aillíonn. Dúirt mé leis gach each thar a rachadh sé a bhualadh agus a fhallaing a chaitheamh ar an talamh san áit a mbainfí tuisle as a each féin.

Agus is mar sin a thit cúrsaí amach. Bhí an bua ag Aillíonn. Thug mé liom é chun na háite ina raibh an fhallaing ina luí ar an talamh, agus dúirt mé leis tochailt.

Dhein sé amhlaidh agus fuair sé coire a bhí lán d'ór. B'in comaoin a chineáltais dom. D'imigh mé ansin.

Chuaigh mé ó cheann ceann den tír ansin ag lorg ní a spreagfadh mo chuid filíochta. Is ansin a fuair mé eolas ar rúin de gach aon sórt.

Is maith a chuirfidh d'eolas ar bhealach do leasa thú, a Ghealéadain, má gheallann tú a bheith ar an gcara is ansa liom agus díriú ar athbheochan na Breataine a chur chun cinn.

Geallaim duit é.

Is mór an faoiseamh a thugann tú dom. Tuaraim go dtiocfaidh lá go mbeidh mé ag brath go mór ar an gceangal muintearais seo.

Agus an méid sin ráite acu, d'ith Gealéadan is Muirdhún suipéar le chéile agus ansin chuaigh siad a chodladh tar éis lá fada tuirsiúil.

38.

44

Ach is ar éigean a chodail Muirdhún néal an oíche sin. Bhí an ghealach díreach i ndiaidh éirí nuair a dhúisigh sé le giolcadh an ghealbháin: "Déan deabhadh, a Mhuirdhúin, déan deabhadh! Tá tú ag teastáil go géar ó do mhuintir! Ná teip orthu!"

Agus a mhac tíre fairis, bhailigh sé a chuid earraí. Faoin am a dhúisigh Gealéadan le teacht na maidine, bhí Muirdhún imithe.

SEO CHUGAINN É!

A Mhuirdhúin! Tháinig tú faoi dheireadh!

Cad atá oraibh?

COGADH! Monuar géar mura n-éireoidh linn a chosc!

Tá an Rí FIONNCHLUAINTE MAC CATHÁIN agus a shlua mór ag bagairt orainn.

Ní féidir le haon duine sinn a tharrtháil ach ár gceannaire cóir críonna, Ambrós.

Tá Fionnchluainte agus a shlua ag máirseáil. A Mhuirdhúin, an impeoidh tú ar Ambrós ar ár son?

Cad chuige an t-achrann go léir? Ní foláir dár muintir máireachtáil faoi shíocháin.

Imeoidh mé láithreach i gcomhair cúnamh a lorg ó CHATHAIR AN LÉIGIÚIN.

Thug Oirircrí an t-each ba thapúla is ba bhríomhaire do Mhuirdhún. D'fhéach a bhean agus a dheirfiúr air go dtí gur imigh sé as radharc.

Bhí croí Mhuirdhúin ag preabadh chomh tapa leis an each féin, a bhí ag gabháil ar cosa in airde. Ach bhí sé go leamh de féin as na laethanta baotha díomhaointis a chaith sé go sona lena ghrá geal, le Fionnlúibín.

39,

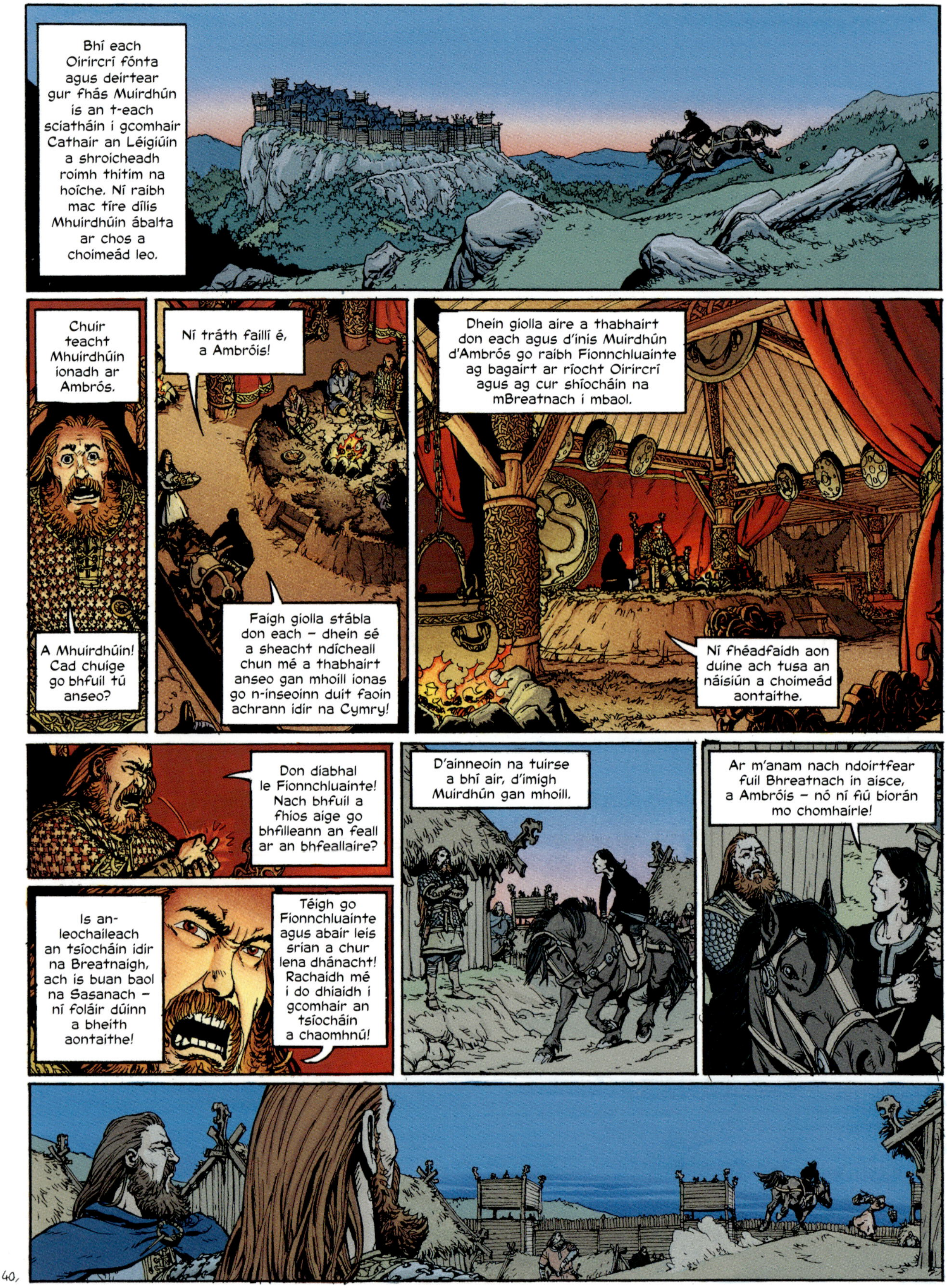
Bhí each Oirircrí fónta agus deirtear gur fhás Muirdhún is an t-each sciathán i gcomhair Cathair an Léigiúin a shroicheadh roimh thitim na hoíche. Ní raibh mac tíre dílis Mhuirdhúin ábalta ar chos a choimeád leo.
Chuir teacht Mhuirdhúin ionadh ar Ambrós.
A Mhuirdhúin! Cad chuige go bhfuil tú anseo?
Ní tráth faillí é, a Ambróis!
Faigh giolla stábla don each – dhein sé a sheacht ndícheall chun mé a thabhairt anseo gan mhoill ionas go n-inseoinn duit faoin achrann idir na Cymry!
Dhein giolla aire a thabhairt don each agus d'inis Muirdhún d'Ambrós go raibh Fionnchluainte ag bagairt ar ríocht Oirircrí agus ag cur shíochāin na mBreatnach i mbaol.
Ní fhéadfaidh aon duine ach tusa an náisiún a choimeád aontaithe.
Don diabhal le Fionnchluainte! Nach bhfuil a fhios aige go bhfilleann an feall ar an bhfeallaire?
Is an-leochaileach an tsíochāin idir na Breatnaigh, ach is buan baol na Sasanach – ní foláir dúinn a bheith aontaithe!
Téigh go Fionnchluainte agus abair leis srian a chur lena dhánacht! Rachaidh mé i do dhiaidh i gcomhair an tsíochāin a chaomhnú!
D'ainneoin na tuirse a bhí air, d'imigh Muirdhún gan mhoill.
Ar m'anam nach ndoirtfear fuil Bhreatnach in aisce, a Ambróis – nó ní fiú biorán mo chomhairle!
40,

A FHIONNCHLUAINTE MHIC CATHÁIN!

Agus slua Ambróis ag teacht ina dhiaidh, ríth each Mhuirdhúin ó thuaidh go campa an Rí Fionnchluainte Mac Catháin, ar nós na gaoithe.

Is mise Muirdhún, comhairleoir an Rí Ambrós! Is é mo chúram deireadh a chur leis an díth céille atá tagtha ort!

Tá a fhios agam cé thú. Tabhair an teachtaireacht dom – tá ocras orm, agus is beag an fhoighne atá agam dá dheasca.

Is éard is beag ná do chiall, a Fhionnchluainte...

...agus is tusa a bheidh freagrach as fuil Bhreatnach a dhoirteadh agus síocháin nua na tíre a scriosadh!

Éirigh as cairde a chur i gcoinne cairde, as deartháireacha a chur i gcoinne deartháireacha is as aithreacha a chur i gcoinne a mac!

Éist le mo chaint, sula gcuirfear mallachtaí ort ar fud an oileáin!

Tar chugam ar an gcnoc le héirí na gréine agus tabhair dom freagra.

47

Cad é an teachtaireacht atá agat dom? Nó an é go nochtann do bhogha do chúram?

Bíodh an donas ag Ambrós is ag Oirircrí is ag a n-ál lofa! Bás orthu go léir! Sin teachtaireacht Fhionnchluainte!

Dhein an teachtaire an bogha a lúbadh arís, ach bhí Muirdhún imithe cheana...

...is bhí tromchroí air, mar gur theip air áiteamh ar Fhionnchluainte neart arm a sheachaint.

Bheadh fuil na mBreatnach ag brúchtadh ina caisí, agus dar le Muirdhún gurbh é féin ba chiontaí leis an ngnó go léir.

Sula fada, bhí an dá shlua ina seasamh ar aghaidh a chéile i ᴍBRUFARAIRM.

Thuig Muirdhún ina aigne go raibh tráth na ndeor imithe. Bhí sé in am canadh agus liú ar an ármhá, rudaí a neartódh croí an tslua i gcomhair an chatha.

I ngleann glas drúchtmhar a chuaigh na Breatnaigh i ngleic le chéile.

43.

Bhí Ambrós ina sheasamh ar bharr cnoic is é ag féachaint ar an gcath fuilteach a bhí ag titim amach laistíos de. Chonaic sé Muirdhún is é ag snoí ghaiscígh an namhad lena chlaíomh.

Agus lámha na ngaiscíoch dearg le fuil, tháinig anfa uafásach.

A leithéid de dhrochghníomh...

MALLACHT AR AN gCLAÍOMH!

MALLACHT AR MO LÁMHA!

Bhí an t-eirleach ag titim amach ar gach taobh de Mhuirdhún agus ní raibh sé ábalta ar ualach a chiontachta a iompar a thuilleadh.

Tháinig mearadh air is thosaigh sé ag stoitheadh a chuid gruaige. Ansin, theith sé ón ármhá is é ag glao leis an náire.

Rith sé chun na gcoillte, i bhfad ó Ambrós, pé iarracht a thug seisean ar a thabhairt ar ais.

44.

D'imigh na míonna agus d'fhan Muirdhún i bhfad ó radharc na ndaoine.

Ach lá amháin chonacthas sa choill é i ngar do bhaile beag Oirircrí.

Mhair Muirdhún sa choill lena mhac tíre is le grúpa mór d'ainmhithe coille.

Bhí sé éirithe chomh fiáin sin nach raibh sé de dhánacht ag aon duine dul ina threo.

...ach lá amháin sheol Oirircrí – fear ag a raibh meas an-mhór ar Mhuirdhún – a ardbhard chun iarracht a dhéanamh ar fhearg Mhuirdhún a mhaolú.

Bhain amhránaíocht an bhaird le dua agus le doilíos na Breataine agus tháinig ciall Mhuirdhún ar ais chuige ar feadh tamaillín dá barr. Mar sin, thoiligh sé ar fhilleadh ar chúirt Oirircrí Fhéil.

Ach nuair a shroich sé an áit sin thosaigh dream fiosrach ar a phriocadh, rud a chuir isteach go mór air, agus dhein sé iarracht eile ar theitheadh dá dheasca. Níor éirigh leis, áfach, mar chuir fir Oirircrí i ngeimhle é.

Ba chráite anacrach an tráth sin le Muirdhún agus lena ghaolta.

Níor mhaolaigh a fhearg, agus níor dhein an buaireamh aigne a bhí air ach éirí ní ba mheasa. Chaitheadh sé laethanta ina chnap ag diúltú d'aon bhia a ithe.

Ní bhíodh bun ná barr lena chaint agus ba réidh uaidh na hachasáin nuair a thagadh aon duine ina threo.

45.

Agus deireadh curtha le bagairt Fhionnchluainte, agus cosc curtha ar ruathair na Sasanach, thug Ambrós cuairt ar Mhuirdhún – ach bhí an fearg go fóill air.

Mhairfeadh an ghealtacht.

Lá amháin, d'fhill Fionndia ó shiúl fada...

HÁ HÁ HÁ HÁ!

Amadántacht is díth céille!

Tá an dá rud le feiceáil san aon duine amháin! *HÁ HÁ HÁ!*

Cad ina thaobh a bhfuil tú do mo mhaslú?

Bain na slabhraí seo díom agus beidh a fhios agat!

Ná bac leis, a Oirircrí. Tá a fhios agat go bhfuil sé as a mheabhair go fóill.

Preit! Ba chóir dó freagracht a ghlacadh as an tarcaisne a thug sé dom!

Éist, a Mhuirdhúin, mínigh an scéal dom agus saorfar thú.

Thosaigh mé ag gáire nuair a chonaic mé thú ag baint na duilleoige sin óna gruaig dhubh, duilleog a thit uirthi mar gheall ar í a bheith ag bualadh craicinn le fear eile, le fear is óige agus is dathúla ná tusa. Nár chóir gáirí faoina leithéid?

Thug Fionndia a focal d'Oirircrí go raibh sí dílís dó. Chuir sé lena fhocal féin agus shaoraigh sé Muirdhún.

Tá tú fuascailte, a Fhionnlúibín, a ghrá mo chroí. Níor chóir duit do shaol a chaitheamh liom.

Nuair a phósfaidh tú arís, tabharfaidh mé bronntanais iontacha duit – ach seachain, déan deimhin de nach bhfeicfidh d'fhear céile mé is nach bhfeicfidh mise féin eisean. Má fheiceann, ní mhairfidh sé.

Agus an méid sin ráite aige, siúd le Muirdhún isteach sa choill gan sracfhéachaint a thabhairt ar a chúl.

46.

I bhfolach sa choill a chuir sé faoi, in éineacht leis na hainmhithe, rud a chuir brón mór ar gach duine ag a raibh grá dó.

D'ainneoin gur bríseadh croí Fhionnlúibín, le himeacht aimsire thit sí i ngrá le fear ó threibh eile a thagadh chúichi gach lá ag iarraidh í a mhealladh.

Shocraigh siad ar phósadh, agus ar lá na bainise...

...tháinig Muírdhún ag marcaíocht ar charria, ag breith bronntanas leis. Ach mar gheall ar an méid sceondair a bhí uirthi, dhein Fionnlúibín dearmad ar an rabhadh a thug Muírdhún di.

Tháinig an fear a bhí chun Fíonnlúibín a phósadh agus sheas sé ina haíce.

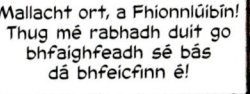

Mallacht ort, a Fhionnlúibín! Thug mé rabhadh duit go bhfaighfeadh sé bás dá bhfeicfinn é!

Theith Muírdhún ar an toirt. Chuir an drochghníomh olc ar fhir Oírircrí agus chuaigh cuid acu sa tóir air dá dheasca.

Ach ní raibh a gcuid each ábalta ar chos a choiméad le carria Mhuírdhúin, agus níorbh fhada go raibh sé slán sábháilte i nduibheagán na coille arís.

47.

53

Níor tháinig aon fheabhas ar Mhuirdhún le himeacht na séasúr. Chonacthas ar uairíbh é is é ag caint leis na crainn is leis na hainmhithe nó ag mallachtaí i dtreo na spéire, fiú, mar gheall ar an mearadh a bhí air.

Agus é ag iarraidh treibh a bhí cairdiúil lena threibh féin a chosaint i gcoimhlint le treibheanna eile, cailleadh Oírircrí.

Bhí Fionndia faoi léan agus dhiúltaigh sí dul i gceannas ar an treibh tar éis bás a fháil dá fear céile. Ina ionad sin, shocraigh sí ar dhul chun cónaithe i lár na coille lena deartháir agus thóg sí teach dóibh a chosnóidís ó fhuacht an gheimhridh.

Thall ansiúd is í ina haonar, thugadh sí aire dó de lá is d'oíche.

Ar uairíbh, nuair a d'imíodh an ghealtacht ar feadh tamaillín, nochtadh Muirdhún tréithe fónta na bplandaí is na gcrann dá deirfiúr, agus mhúineadh sé teanga ainmhithe na coille di.

Ach nuair a bhuaileadh an t-uafás arís é, dheineadh sé ceirtlín de féin agus thosaíodh sé ag gol go cráite is é ar crith le scéin. Ní bhíodh aon duine in éineacht leis ach Fíonndia, ach thugadh sí sólás dó lena guth binn agus lena cineáltas.

Sin mar a bhí an scéal nuair a tháinig Gealéadan orthu, i ndiaidh dó taisteal le fada ag lorg thuairisc a charad dhil.

I ndiaidh Muirdhún a fheiceáil dó, gheall Gealéadan nach stadfadh sé go dtí go bhfaigheadh sé leigheas ar an ngalar, fiú dá mbeadh sé á chuardach fós ar lá a bháis.

48.

Maidín amháin i ndúluachair an gheimhridh i bhfad i ndiaidh imeacht Ghealéadain, dhúisigh Fionndia. Deineadh cúig thaibhreamh dí le linn na hoíche.

D'iarr sí ar a dhearthái na taibhrímh aisteacha a mhíníú di.

Chonaic mé má a bhí lán de chairn, cuid acu mór is cuid acu beag. Bhí fir ag iompar cloch anonn is anall, ó na cairn bheaga chun na gceann mór.

Na Breatnaigh na cairn sin, idir uasal is íseal.

Is iad searbhóntaí na n-uaisle na fir a chonaic tú is iad ag cur na cosmhuintire as oidhreacht i gcomhair tuilleadh saibhris a chruinniú dá máistrí.

Chonaic mé crainn fearna láidre á mbaint ag fir shotalacha le tuanna géara. Ach d'fhás crainn fearna ní ba threise arís ó na stumpaí.

Is é bród mhuintir na Breataine na crainn fearna. Is iad na hionróirí iasachta na fir shotalacha. Is iad an namhaid iad atá ag teacht chun sinn a chur faoina gcosa le caismirt shíoraí.

Ach d'ainneoin an scriosta, éireoidh fir níos treise, níos fearr.

49.

Chonaic mé tír a bhí lán de chnoic. D'imigh siad agus tháinig cairn mhóra aoiligh ina n-ionad. Ach níorbh fhada go dtáinig bláthanna áille i mbláth orthu.

Is í an Bhreatain an tír, is iad na seancheannairí na cnoic agus is iad na ceannairí nua gránna atá mór leis na hionróirí na cairn aoiligh.

Na ceannairí a thiocfaidh i réim amach anseo na bláthanna, is iad siúd a ghnóthóidh glóire don oileán seo arís.

Chonaic mé gort órga cruithneachta. Ansin, tháinig tréad muc agus chrom siad ar an gcruithneacht a ithe, ach tháinig conairt agus chuir siad teitheadh ar na muca.

Is é Oileán na Breataine an gort.

Is iad na muca an namhaid, ag milleadh na tíre. Cé hiad na gadhair ach na gaiscígh Bhreatnacha a chuirfidh an ruaig orthu!

Chonaic mé reilig ollmhór ina raibh mná ina luí ina scórtha is iad torrach. Bhí gach leanbh ag caint lena mháthair óna broinn.

Is é Oileán na Breataine an reilig. Comhartha is ea na mná go síolróidh aos óg an oileáin an tír.

Beidh a gclann níos ciallmhaire ná an dream a chaith a seal sa saol seo cheana féin.

I gcaitheamh na haimsire sin, níor éirigh le Gealéadan.

Bhí an bard óg i ndiaidh an Bhreatain is Éire is an Bhriotáin a chuardach.

Labhair sé le saoithe is le mná feasa i ngach áit, ag fiafraí dóibh cad a leigheasfadh Muirdhún ach ní raibh a fhios ag aon duine acu.

Bhí tuirse air agus bhí sé tite in éadóchas. Tháinig codladh air agus é ina luí ag cos crainn cnó capaill.

Nuair a dhúisigh sé, chonaic sé tír nach bhfaca sé riamh cheana.

Tír leoithní boga ina raibh an t-aer ríchumhra. Áit ina raibh an spéir ghorm ní ba ghile ná an fharraige ghormghlas.

Bhí crainn mhóra úll ina thimpeall is bhí a gcraobhacha trom le torthaí borba.

Bhí tobar breá fíoruisce ghlain ghil chóngarach dó. Thuig sé ina aigne go raibh deireadh tagtha leis an tóir faoi dheireadh.

Leag sé lámh ar a chruit, a mhéara ag piocadh na dtéad go caoin. Thosaigh sé ag canadh is ag siúl is é ag bagairt ar an uisce teacht leis.

Chan sé is sheinn sé an ceol agus mheall sé an t-uisce leis de lá is d'oíche gan stad.

Go dtí gur shroich sé baile Mhuirdhúin is Fhionndia i measc na gcrann tráthnóna amháin agus tuirse an domhain air.

51

I ndiaidh di an eachtra neamhshaolta sin a fheiceáil, thuig Fionndia ina haigne gur chuir Gealéadan lena fhocal agus threoraigh sí Muirdhún i dtreo an fhíoruisce.

Thosaigh Muirdhún ag ól an uisce agus tháinig a mheabhair chuige ar an toirt.

Chuaigh sé ar crith agus thosaigh sé ag caoineadh. Shíl a dheirfiúr ar feadh nóiméid gur nimhíodh é.

TÁIM LEIGHEASTA!

Nuair a d'airigh Gealéadan an méid sin, d'éirigh sé as an gceol a sheinm agus thit sé ar an talamh: bhí a neart cloíte.

Chuaigh an fíoruisce glan geal isteach sa talamh arís agus Gealéadan ina luí in aice le Muirdhún agus le Fionndia, agus níor fágadh braon de.

Tugadh Gealéadan isteach sa teach, agus d'fhan Fionndia in éineacht leis agus Muirdhún ag imeacht sa choill ag lorg íocluibheanna dá dhlúthchara a chuirfeadh neart arís ann.

Chodail Gealéadan trí lá Is trí oíche. Ba dhóigh le Muirdhún agus le Fionndia ar feadh tamaillín go raibh sé marbh – ach ansin d'oscail sé na súile agus d'fhéach sé ar Mhuirdhún, a ghoil go séimh leis an áthas a bhí air.

David Chauvel a scríobh

Jérôme Lereculey a mhaisigh

Jean-Luc Simon a dhathaigh 1998

Codail anois, a Ghealéadain. Tharrtháil tú mé agus anois ba chóir duit do scíth a ligean.

Nuair a bheidh tú tréan do dhóthain arís, déanfaimid comhrá agus imeoimid. Is fada a mhair an suaitheadh aigne is an céasadh intinne agus tá gnó an-tábhachtach ag Inis na gCumhachtach dínn.

Tá eachtra mór i ndiaidh titim amach. Tugadh ceannaire dúinn, ceannaire maorga mórchumhachtach. Beidh fir chalma ag teastáil uaidh a thacóidh leis an Bhreatain a chosaint.

CRÍOCH NA CHÉAD GHÉIGE

DAOINE 7 ÁITEANNA

Is éard is brí le **CYMRY** ná "comhthírigh" agus is é an focal é a thugtar ar mhuintir na Breataine Bige i mBreatnais ar an aimsir seo. Is minic a mheasctar na téarmaí Cymry agus **BREATNAIG** sna seanfhoinsí mar baineann siad araon leis an muintir chéanna. "Breatnaigh" a thugtar ar mhuintir na Breataine sa leabhar seo.

INIS NA GCUMHACTAC ainm rómánsaíochta na Breataine. **CATAIB** (a bhaineann le "Caithness") a thugtar ar an gceann tíre is sia ó thuaidh agus **CEANN NA CRÍCE** (Penwith) a thugtar ar an gceann is sia ó dheas. Eryri an t-ainm Bhreatnaise atá ar **NA HARDCHRÍOCHA** (Snowdonia) sa Bhreatain Bheag.

FOIRTCEARN an leagan Gaeilge de Gwrtheyrn (de Vortigern) agus is éard is brí leis ó cheart ná "ardrí". Seans nach bhfuil san ainm ach teideal a thugtaí ar Ardtiarna na Breataine. Deir an manach Gildas in **De Excidio et Conquestu Britanniae** gurb é an "superbus tyrannus" (.i. an tíoránach mórtasach) Vortigern.

Ba iad **NA CRUITNIG** muintir Gharbhchríocha na hAlban. Is minic a bhíodh na Breatnaigh is na Cruithnigh in adharca a chéile, ach seans gur bheag idir an dá chultúr, dáiríre. Maidir leis na **GAEIL**, ar uairibh, throididís i gcoinne na mBreatnach ach, ar uairibh eile, ba chomhghuaillithe iad.

Is é **CONSTAINTÍN BEAG**, nó "Constans" mar a tugadh air sna seanscríbhinní, a bhí mar chonstaic i mbealach Fhoirtcheirn agus é ag iarraidh Ardtiarnas na Breataine a ghabháil.

Ceannaire na chéad Sasanach a tháinig go dtí an Bhreatain ba é **EINGIST** sna finscéalta. Seans gur dhia Sasanach gurbh ea é, dháiríre. Ba í **CATAIR NA HÉILLE** a dhún, agus de réir na seanscéalta, ba é an chéad ghreim í a fuair na Sasanaigh ar an mBreatain, rud a thug Foirtchearn dóibh. Ba é rud ba mheasa a dhein Eingist ná **FEALL NA MIODÓG FADA**; b'in an uair a maraíodh 300 uasal Breatnach le linn féasta a cuireadh ar siúl ina n-onóir. Níor tháinig ach beirt Bhreatnach slán as agus bhí **AEDAL NA CATRAC GLÉ** (Gloucester) ar dhuine acu.

Leagan Gaeilge den bhunainm Bhreatnaise Myrddin (.i. Merlin) is ea **MUIRDÚN**. Luaitear beirt darb ainm Myrddin sna scríbhinní is sine ach meascadh iad le himeacht na gcéadta. Ba é an file Myrddin Wyllt (Fiáin nó Gealtach) an chéad duine acu; eisean a d'imigh ar deoraíocht i gCoill Mhór na hAlban. Tugtar Llallogan (Lailoken) air leis. Is le scéalta an Fhlatha Ambrós a bhaineann an duine eile. De réir **Vita Merlini** le Seathrún Bhéal Abhainn an Mhearuisce (Geoffrey of Monmouth), pósadh Muirdhún agus **FIONNLÚIBÍN**, deirfiúr **OIRIRCRÍ FÉIL**,

Rí Shrath Chluaidh (Strathclyde). De réir **Leabhar Dearg Hergest**, ba é **MUIRMEANNÁN BREICNEAC** athair Mhuirdhúin agus a dheirféar, **FIONNDIA**, a bhí pósta le hOirircrí Fial. Is í bunchloch an dáin tairngreachta **Agallamh Mhuirdhúin agus a Dheirféar Fionndia** (*Cyfoesi Myrddin a Gwenddydd ei Chwaer*), an comhrá idir Fionndia is a dearthair.

De réir an tseanchais, bhí baint ag **CUARBEAN** (Ceridwen) le coire draíochta eolais. Bhí triúr leanaí aici, a mac leamh, **ANTEIMEAL**, san áireamh, agus is dósan a d'ullmhaigh sí deoch a bhí lán de spreagadh is d'eagna. Bhí trí bhraon feasa draíochta le tabhairt d'Anteimheal ach d'ól **FIONN BEAG** bocht iad ina ionad Faoi dheireadh, deineadh duine eile de, ba é sin **GEALÉADAN** bard (Taliesin), agus is éard a bhí i ndán dósan ná a bheith ar dhuine de na filí Breatnaise ba mhór le rá riamh.

Ba í **BLÁTAGAID** (Blodeuwedd) an bhean mhiotaseolaíochta a dhein Fiodhghin (Gwydion) draíodóir as bláthanna do Lleu Llaw Gyffes (a bhaineann le Lú Ildánach).

AN FLAIT AMBRÓS an Bhreatnais ar Ambrosius Aurelianus; Briotanach Rómhánach ba ea é a sháraigh na Sasanaigh i gcath.

Ba é **GUINNIS** ainm na háite ina raibh dún Fhoirtcheirn, ach tagann na tagairtí salach air a chéile is ní léir anois cá raibh sé go díreach. Dúirt an staraí Nennius gur thóg Foirtchearn a dhún in "Guunnessi"; seans gurb éard atá i gceist leis sin ná an gleann iargúlta cois farraige darb ainm Sruthán Fhoirtcheirn i dtuaisceart na Breataine Bige.

Foraois ollmhór ba ea **COILL MHÓR NA HALBAN** a bhí ar fud Ísealchríocha na hAlban (áit ar a dtugtar *an Seantuaisceart* i seanchas na mBreatnach), geall leis, tráth. Ní mhaireann anois ach cuid bheag di.

Deir na seanscéalta gur ó Éirinn a tháinig clocha **RINCE AN FATAIG** (Stonehenge) is gur dhein Muirdhún iad a chur go dtí an Bhreatain is a chur ina suí i dtreo go mbeadh an ciorcal liag ar aon líne le héirí na gréine le linn ghrianstad an tsamhraidh.

Ba thaoiseach ón Seantuaisceart **FIONNCLUAINTE** a bhí cíocrach chun talaimh. Briseadh air i gcath **BRUFARAIRME** (Arfderydd) sa bhliain 573 is b'in an uair a chuaigh Muirdhún as a mheabhair. Tá muinteas idir Muirdhún is Oirircrí Fial sa leabhar seo, ach de réir na seandánta, ball de chúirt Fhionnchluainte ba ea Muirdhún, agus chráigh Oirircrí i gCoill Mhór na hAlban é i ndiaidh an chatha.

AN DARA GÉAG

LEAḂAR BREATNAĊ

ARTÚR
SCIATH NA BREATAINE

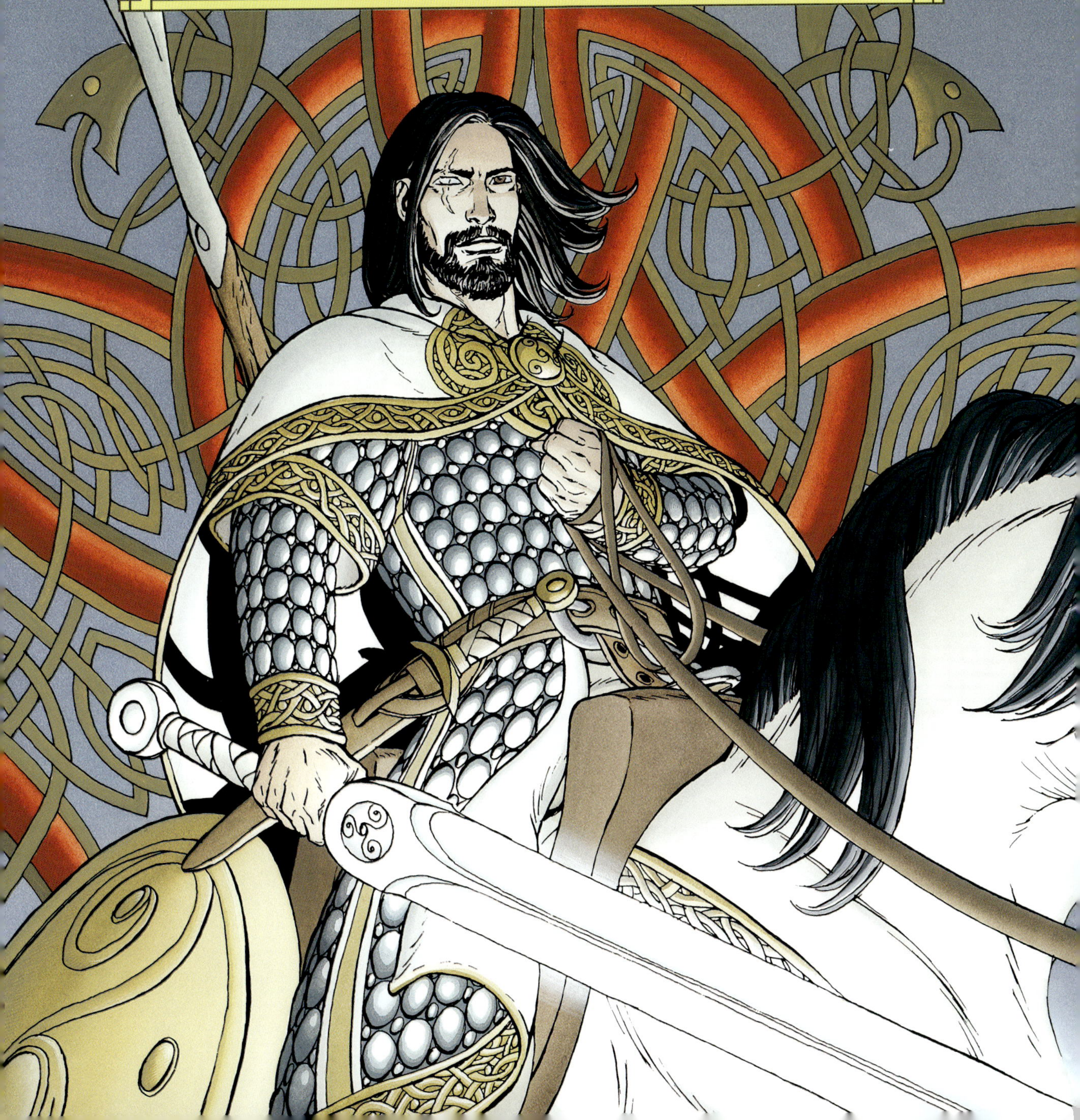

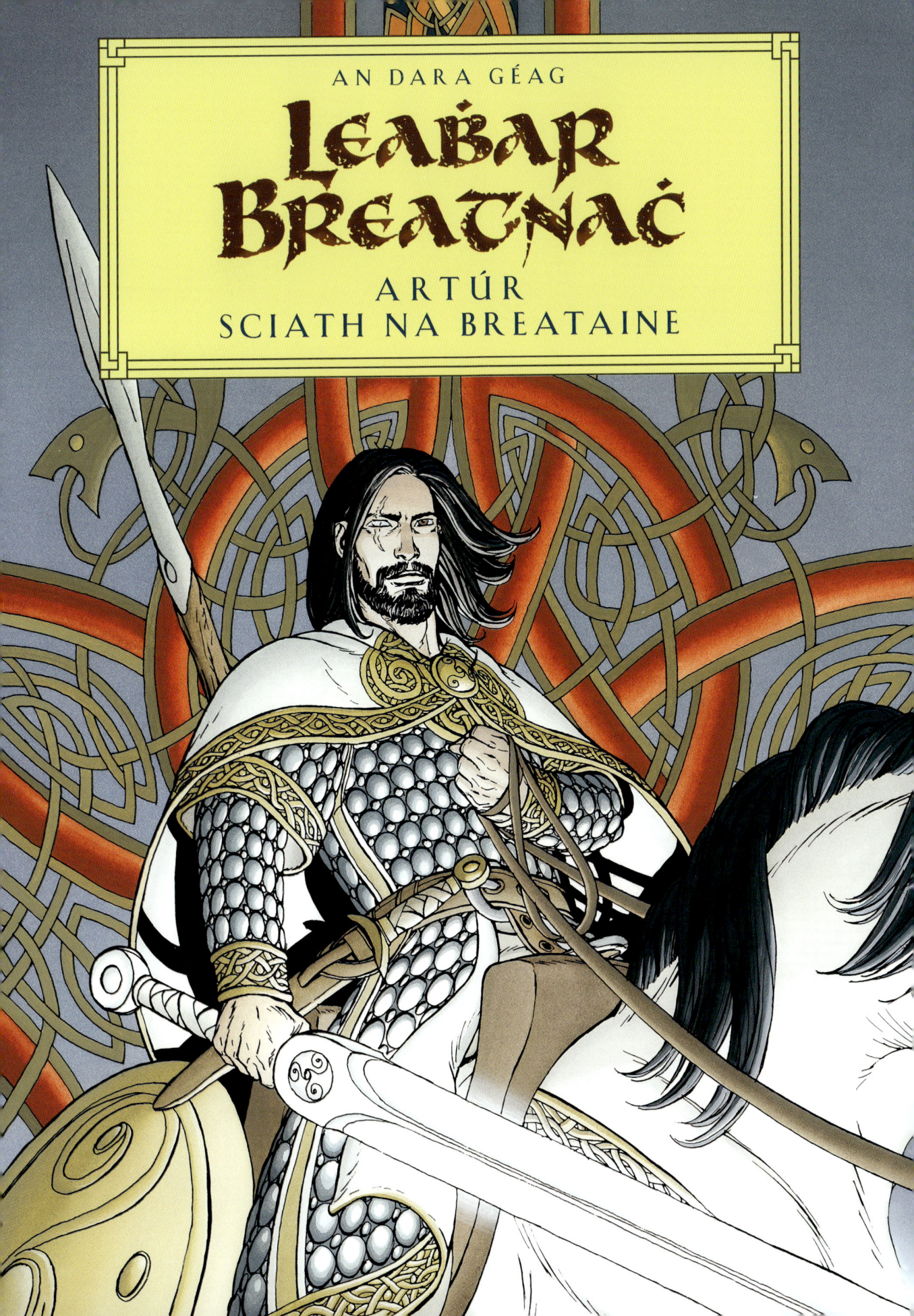

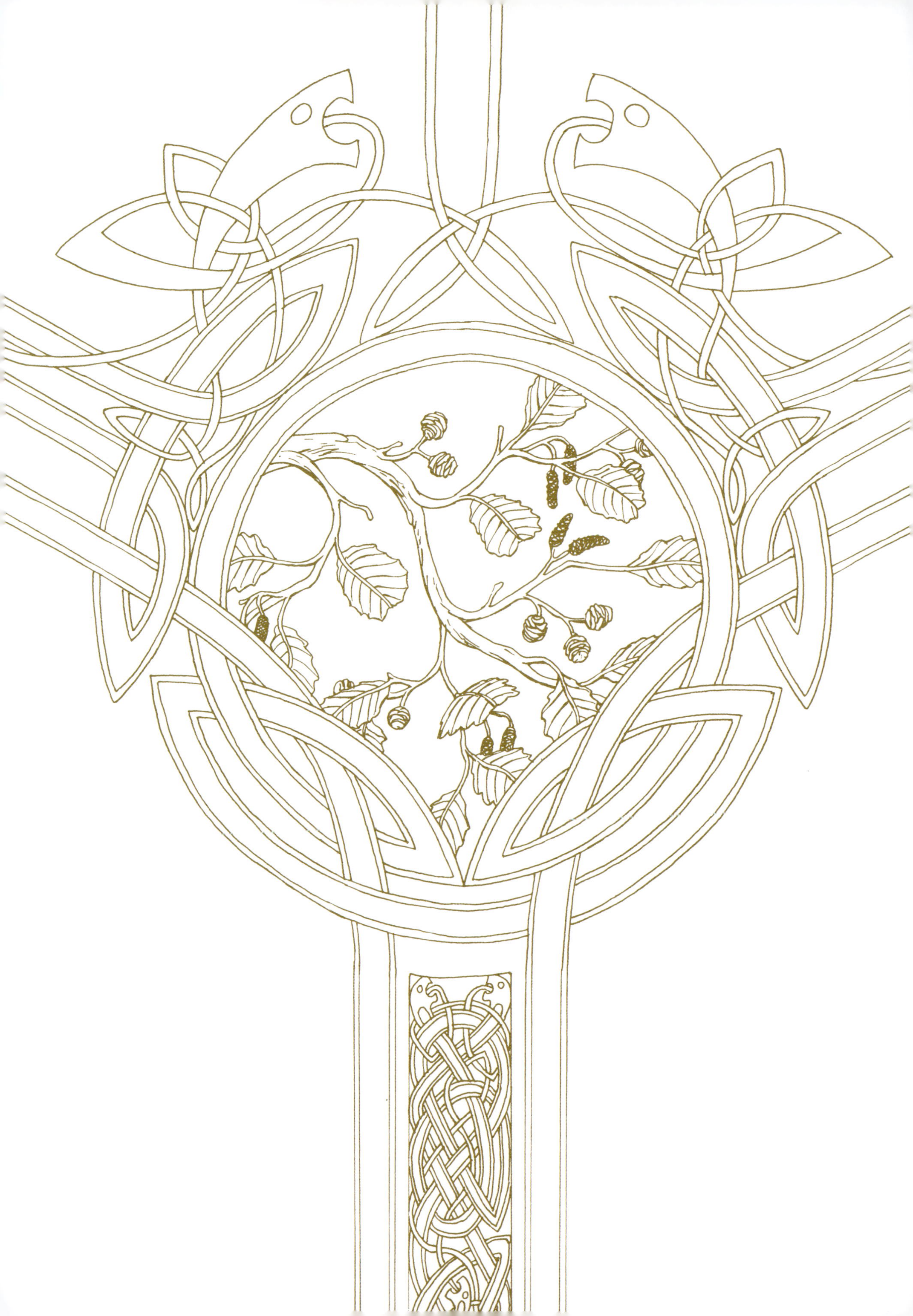

An t-earrach a bhí ann...

De réir a chéile, bhí an Bhreatain ag teacht i mbláth arís. I ndiaidh geimhreadh fada fuar nár fhág ar an saol ach a raibh láidir crua seasmhach go leor.

Ba mhithid don bheirt chompánach a ngairm bheatha a chleachtadh arís.

Ní bhíodh Muirdhún sásta fanacht i bhfad in aon áit amháin, ach chuireadh an taisteal tuirse ar Ghealéadan: bhí sé i ndiaidh na blianta a chaitheamh ag fánaíocht, tar éis an tsaoil.

Is éard is mó a bhí uathu ná tuairisc ó cheantair nach raibh cóngarach dóibh.

Ach chuir an scéala a chuala siad imní orthu.

Cé gur cuireadh an ruaig ar na Sasanaigh, bhí siad tar éis filleadh ar an mBreatain. Faraor, theip ar an bhFlaith Ambrós agus ar a shlua an lámh in uachtar a fháil orthu.

Deineadh dhá leath den Bhreatain – tír na mBreatnach agus an talamh a cailleadh, ar a dtugtaí SASANA.

Ar chloisteáil an drochscéala seo do Mhuirdhún, thuig sé ina aigne gurbh eisean faoi deara an gnó go léir. Mura mbeadh é a bheith as a mheabhair chomh fada sin, ní bheadh aon bhaol ar an tír.

Ar a shon sin, d'éirígh le Gealéadan aithreachas Mhuirdhúin a mhaolú, agus chuaigh siad araon go Cathair an Léigiúin, go hArdchúirt an Rí Ambrós.

Tráthnóna amháin, tháinig siad ar bhaile daingean gur leis an Rí CONAIR CAOIN-BHREATHACH é.

A Ghealéadain, a chara... caithimis an oíche anseo – mura miste leat agus má chuirtear fáilte romhainn.

Rud a chreidim go daingean ná go dtiocfaimid ar rud anocht a mbeidh géarghá leis sa Bhreatain amach anseo.

Gaiscíoch uaibhreach slachtmhar i mbarr a réime ba ea Conair.

Taoiseach eagnaí cóir ba ea é. Is ag seilg agus ag troid in éineacht le hAmbrós a chaitheadh sé a chuid ama agus bhí cúigear leanaí faoina chúram.

Bhí gaol fola ag Conair le beirt dá chlann, le CAOI agus le CRÓ.

Leanaí uchta ba ea an triúr eile, mar a bhí ARTÚR agus MUIRGHIN agus ANNA.

Mar ba ghnách, chuir athair agus máthair an triúir faoi chúram Chonaire iad. Thabharfaí foghlaim den scoth dóibh agus ansin rachaidís ar ais chun a muintire féin.

Ach tamall ina dhiaidh sin, bhain tubaiste dá n-áit dúchais, do GHARRÁN NA COILLE.

D'imir na Sasanaigh argain uafásach ar an áit agus mharaigh siad a n-athair is a máthair.

Fágadh ina ndílleachtaí iad faoi chúram Chonaire is thug a n-athair is a máthair altrama grá mór dóibh, amhail is gurbh iad a leanaí féin iad.

2.

Bhí Caoí, an mac ba shine ag Conair, ina óglach ard slachtmhar beomhar.

Bhí a dheartháir, Cró, a bhí ní b'óige, ní ba chiúine.

Maidir leis na dílleachtaí, bhí Artúr láidir agus bhí díocas chun catha air.

Cailín ar leithligh ba ea a dheirfiúr mhór, Muirghin. B'fhearr léi bheith ina haonar, ag siúl san iargúltacht is í ag dul i dtaithí ar an nádúr.

Gearrchaile áthasach anamúil ba ea Anna agus thaitin léi na laethanta a chaitheamh in éineacht leis na garsúin.

Ní foláir nó tá tú bródúil as na leanaí, a Chonair!

Tá cion mór agam orthu go léir.

I ndiaidh thitim na hoíche is na leanaí ina gcodladh, labhair Conair is Muirdhún is Gealéadan ar feadh na n-uaireanta. Phléigh siad an cogadh i gcoinne na Sasanach agus a raibh i ndán don oileán.

D'airigh Conair trácht ar rath fáistine Mhuirdhúin cheana. Bhí fonn air fírinne an scéil a chíoradh, mar sin, thosaigh sé ar cheisteanna a chur ar Mhuirdhún faoi chinniúint Chaoi.

Ós rud é go bhfuil sé ard, tabharfar CAOI ARD air agus molfar a ainm ar fud na tíre.

Is fuar a bheidh a chroí is a lámha i gcónaí. Nuair a iompróidh sé ualach – pé beag mór é – ní fheicfí é.

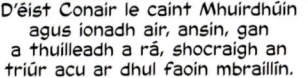

Is fearr a bheidh sé ábalta ar uisce is ar thine a fhulaingt ná aon duine eile.

Sín cinniúint do mhícse, a Chonair.

D'éist Conair le caint Mhuirdhúin agus ionadh air, ansin, gan a thuilleadh a rá, shocraigh an triúr acu ar dhul faoin mbraillín.

Roimh dó dul a chodladh, áfach, thug Muirdhún sracfhéachaint eile ar na leanaí, agus leag sé a shúile ar aghaidh Artúir.

Thug Gealéadan an méid sin faoi deara, ach níor chuir se aon cheist air mar is maith a thuig sé gur dhual do Mhuirdhún a intinn a choimeád aige féin.

Ach ba mhó an suntas a bhainfeadh leis an méid a déarfadh Muirdhún i dtaobh Artúir, dá mbeadh Conair ní b'fhiosraí i dtaobh cad a bhí i ndán do na leanaí.

3.

Is iomaí séasúr fada a d'imigh thart ó thug Muirdhún agus Gealéadan cuairt ar Chonair. Séasúir shíochánta thorthúla ba ea iad don rí agus dá mhuintir...

...séasúir gan bhuairt gan aon rud a chuirfeadh isteach ar a sásacht ach amháin fothuairisc ó na dúichí teorann idir na Cymry agus Sasana.

Ní raibh ach seisear againn fágtha, bhí an namhaid ag déanamh orainn ina sluaite...

Dalladh mé leis an bhfuil, is níor fhéad mé ach mo chlaíomh a luascadh siar is aniar go hainrianta sa tsúil go mbuailfinn namhaid éigin. Ansin, buaileadh ar mo chúl mé, agus baineadh an sciath díom agus an ghéag mar aon leis...

...ní raibh le déanamh agam ach teitheadh ón argain.

Ar chuala tú an méid sin? An sciath agus an ghéag araon...

Cad a dhéanfása féin?

Is éard a chuala mé ná gur theith sé lena anam!

Ní theithfinnse ó shuarachán dá leitheidí siúd, pé ar domhan é! An bhfeiceann tú an ceann sin, a Chaoi?! Beidh níos mó ceann bainte agam ná atá le feiceáil ar na cuaillí atá timpeall theach ár n-athar sula mbeidh fiche samhradh slánaithe agam!

An mbeidh?! Beidh le feiceáil!

Ní fheicfidh tusa faic, a dhearthair... mar is le do cheannsa a thosóidh mé!

HÁ HÁ HÁ!

HÁ HÁ HÁ!

Le himeacht na séasúr, tháinig na leanaí a chonaic Muirdhún agus Gealéadan i mbláth agus bhí sé beagnach in am cead a gcinn is a gcos a thabhairt dóibh.

Mar a thuar Muirdhún, deineadh ógfhear ard de Cai. Ach is é Artúr, a bhí ní b'ísle, ní ba théagartha, a bhodhraíodh Conair ag iarraidh cead a fháil ar imeacht ón gcúirt ag lorg gradaim.

Bhí Muirghin chomh hálainn is a bhí riamh, ach aonarán mná ba ea í go fóill.

Chaith Anna agus Cró an-chuid ama le chéile agus le himeacht aimsire, thit siad i ngrá le chéile.

D'éirigh Anna trom ag Cró agus rugadh leanbh di i gceartlár na coille i bhfad óna muintir, ionas nach mbeadh a fhios ag aon duine faoi.

I gcomhair náire a sheachaint, ní raibh de rogha ag na leannáin óga ach an leanbh a fhágáil faoi chúram gaiscígh a bhí ag dul thart. I ndiaidh dó machnamh a dhéanamh ar an scéal, ghlac an gaiscíoch an leanbh.

Dúirt sé leo go dtógfadh sé an leanbh amhail is gurbh é a leanbh féin é, áfach. Nuair a d'imigh an gaiscíoch leis an leanbh, tháinig dobrón ar na leannáin óga agus thit siad i nduibheagán an éadóchais.

D'imigh an gaiscíoch gan mhoill. Ach gan fhios dó, is mór na hiontais a bhí i ndán don bhunóc, a bhí ag caitheamh síogairlín a chuirfeadh a dhúchas in iúl.

5.

Is éard a theastaigh ó Chonair ná go bhfanfadh Caoi is Artúr slán sábhailte sa bhaile, ach bhí a fhios aige le tamall nach mbeadh srian le cur ar an bhfonn eachtraíochta a bhí orthu.

Ba dhanaideach an lá é nuair a d'imigh an bheirt mhac ag lorg gradaim. Ní raibh a fhios ach ag Conair go mbeadh an bheirt fhear ag imeacht.

Thug Conair slán is beannacht dóibh. Bhí sé ag súil go mór go ndéanfadh Artúr Caoi a oiliúint maidir le cúrsaí comhraic.

Ach bhí sé ciallmhar go leor gan a leithéid sin a rá agus gan an t-amhras a bhí air a nochtadh dá mhic ar an lá mór sin.

Agus an ghrian ag dul faoi ag deireadh an lae, tháinig tuirse ar na buachaillí óga...

A Chaoi!

Teacht.

Éist! An féidir leat an torann sin a chloisteáil?

Ní féidir...

Beidh an chuma sin orainne lá éigin – bainfimid croitheadh as an talamh le cosa toirniúla ár n-each!

B'fhéidir é! Ach is éard is mó atá uaim faoi láthair ná bia!

6.

Tá an tine beagáinín lag...

Faigh tuilleadh ábhar tine, mar sin!

A Chaoí?! Éirigh as an bpleidhcíocht!

Bíodh ciall agat, a chara! Má tharraingíonn tú do chlaíomh óna thruaill, bí ullamh lena úsáid!

OCH!!!

Maithígí mo dhánacht dom! Ní fhéadaim gan mo chumas a chur in iúl a mhinice agus is féidir!

Dé bhur mbeathasa, a bhráithre!

BEITHEAR is ainm dom! Ní bheadh sé de dhánacht ionam cuireadh chun suipéir a dhiúltú!

Is mar sin a cuireadh tosach le heachtraí Artúir, mar ba é **BEITHEAR DEA-FHÉITHEACH** an chéad duine a chuaigh isteach ina lucht leanúna – ach níorbh fhada go mbeadh an lucht ar an slua ba mhó cáil dá bhfeacthas ar oileán na Breataine riamh.

7.

Bhuel?

Ní fheadar. Cad is dóigh leatsa, a Artúir?

Ba chóir dúinn feitheamh le meán oíche is na gardaí a thachtadh is na heacha ar fad a ghabháil.

Fiú má théann cuid de na hainmhithe ar strae agus sinn ag éalú, ní bheifear ábalta ar sinn a leanúint.

Nílim ar aon fhocal leat. Má mharaímid na gardaí, ní mhairfimid i bhfad eile.

B'fhusa gan ach trí each a ghabháil. Nár leor an méid sin?

A Bheithir... cad is dóigh leatsa?

Focal ciallmhar uaibh níor chuala mé go fóill.

Abair liom, a Mhuirdhúin... cad é an scéala ó Chathair an Léigiúin?

An bhfuil an Rí Ambrós go maith?

Tá... ach tá sé gan oidhre go fóill.

Nár phós sé arís?

Phós, go deimhin, ach níl mac go fóill aige...

Monuar!

Hea?

Tá ceo trom ann...
is ar éigean is féidir liom
mo shrón féin a fheiceáil!

Ceo, an ea?
An tráth seo
den bhlíain?!
Tá sin ait go
leor...

Pé trom éadrom
atá sé, ní foláir
dom imeacht
anocht.

Tá
obair le
déanamh
agam i
gcéin.

Ar
aghaidh
linn!

BROSTAÍGÍ!

Ní fada
go mbuailfimid
le cheile arís,
a Artúir...

Agus an méid sin ráite aige,
shíúil Muirdhún agus a mhac tíre
isteach sa choill...

...i dtreo bhaile Chonaire.

Cé nach raibh Muírdhún ann le fada an lá, cuíreadh fáilte is fiche roimhe.

Bhí imní ar Chonair faoina mhic, rud a thuig Muírdhún go maith.

Tá ag éirí le hArtúr is le Caoí a Chonair.

Tuillfidh an bheirt an clú agus an cháil atá uathu sula fada.

Is mór an faoiseamh a thug na bríathra sin do Chonair agus thug sé cead do Mhuírdhún feitheamh sa bhaile daingean mar aoi fad agus ba mhian leis.

Go mbeannaítear duit, a Mhuírghin, a bhláithín an earraigh.

Dé do bheatha, a Mhuírdhúin.

Cad chuige a tháinig tú chugam, a bhruinneall?

Is beag an baol gurb í m'aois a mheall anseo thú ná aon chomharthaí geana.

Deirtear gur draoi ceart agus fear feasa den scoth thú.

B'fhéidir go ndeirtear...

Ach cad a déarfá dá ndéarfainn gur cealgaire críochnaithe thú?

Ní déarfainn rud ar bíth mar níl sé d'fhiacha orm mé féin a mhíniú duitse ná d'aon duine eile...

Mar sin féin, is fíor go bhfuil tuiscint dhomhain agam ar eolas a cailleadh fadó.

Tuigim na tuartha atá le feiceáil in eitilt na fáinleoige is i rith an ghiorria. Tá cur amach agam ar ghnásanna torthúlachta is ar dheasghnátha beannaithe ainmhithe na coille. Is réidh a ligeann an spéir a cuid rún liom.

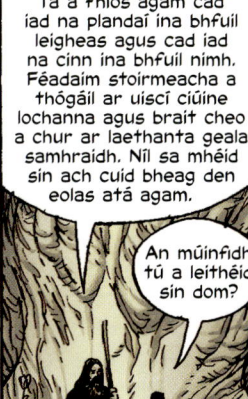

Tá a fhios agam cad iad na plandaí ina bhfuil leigheas agus cad iad na cinn ina bhfuil nimh. Féadaim stoirmeacha a thógáil ar uiscí ciúine lochanna agus brait cheo a chur ar laethanta geala samhraidh. Níl sa mhéid sin ach cuid bheag den eolas atá agam.

An múinfidh tú a leithéid sin dom?

Ar mhaith leat foghlaim?

Ba mhaith! Is í an fhoghlaim an rud is mó atá uaim ar an saol.

Tabhair dom do lámh, mar sin.

Ní bhfaighidh tú cumhacht ón eolas a thabharfaidh mé duit. Ní bheidh san eolas ach braighdeanas – déanfaidh sé sclábhaí díot, mar a dhein díom féin.

Anois, tá sé ródhéanach, a bhruinneall.

Tá ceangal eadrainn anois, ceangal nach féidir a bhriseadh choíche, faraor.

Is réidh uait an chaint dea-labhartha – ach cad a mhúinfidh tú dom inniu?

Cuirfidh mé foighne ionat.

Conas sín?

Imeoidh mé uait. Tiocfaidh mé ar ais chugat uair a oirfidh dom agus ansin tosóidh mé do do mhúineadh.

Dhílsigh Artúr is Caoi is Beithear iad féin do thaoiseach cogaidh. Fear ba ea é nach ndéanadh aon rud ach na Sasanaigh a ionsaí is a gcuid bailte beaga a argain sa dúiche theorann idir Sasana agus tír na mBreatnach...

Bhí sé lánsásta gaiscígh a liostáil pé beag mór a dtaithí ag doirteadh fhuil an namhad.

An bhfuil eagla ort?

Níl in aon chor! Ba mhaith liom dul i gcath gan mhoill! Mo mhairg nach bhfuilimse féin i gceannas ar an mbuíon chogaidh seo!

Bígí ullamh!

FANAIGÍ!

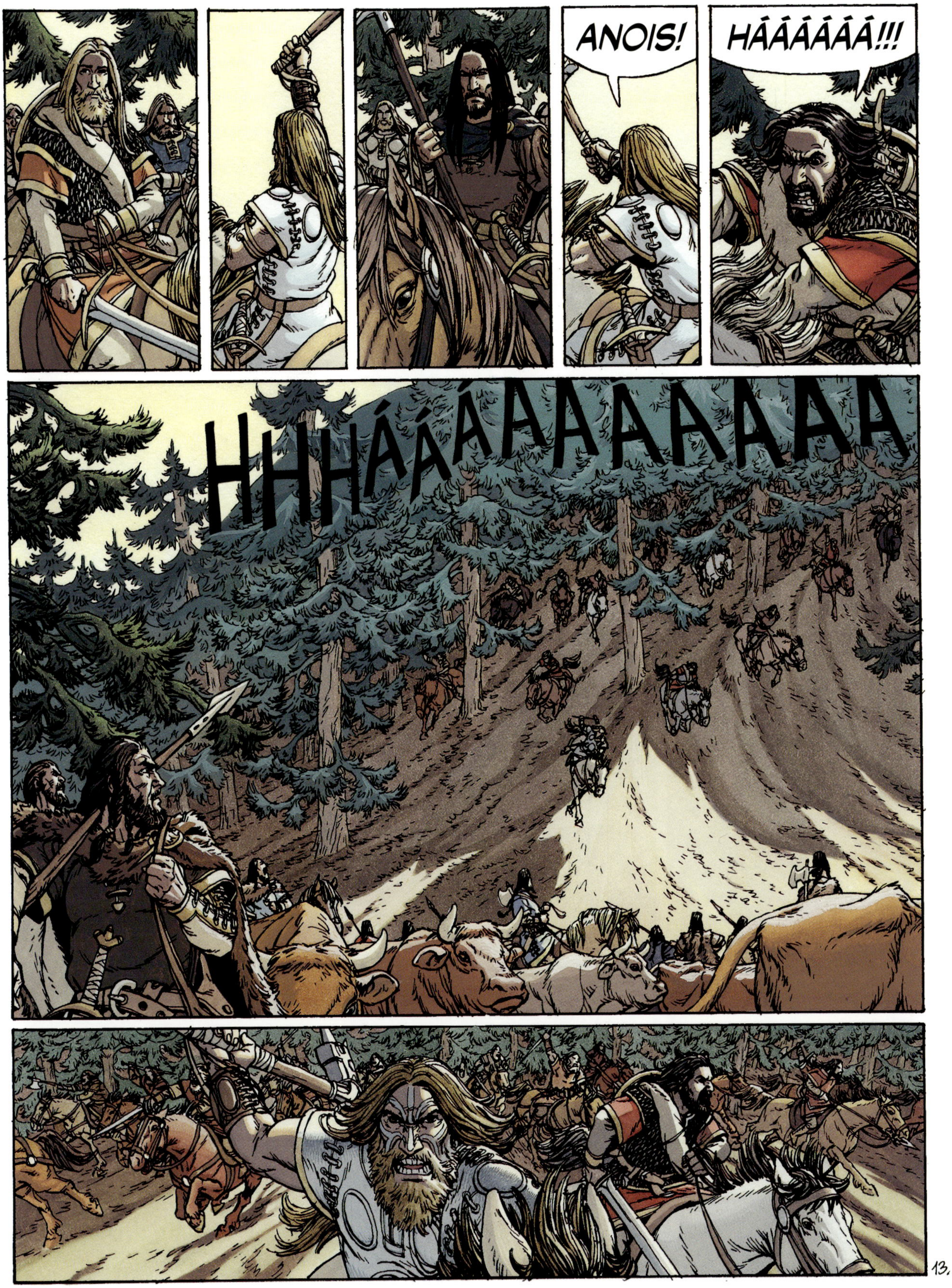
ANOIS!
HÁÁÁÁÁÁ!!!
HHHÁÁÁAAAAAAA
13.

Bhí Artúr ar an gcéad duine a bhuail namhaid.

Lean an cath ar aghaidh agus bhí an gleann lán de thorann na n-each is de liú na ngaiscíoch is de bhualadh na gclaimhte is na sciath is de bhríseadh na gcnámh.

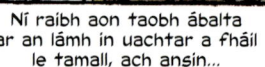

Ní raibh aon taobh ábalta ar an lámh in uachtar a fháil le tamall, ach ansín...

Agus a dtaoiseach marbh, thosaigh cuid de na Cymry ag scaipeadh...

14,

Dhein an gníomh éachtach sin na Breatnaigh a spreagadh arís agus fuair siad an lámh in uachtar ar an namhaid. Níorbh fhada ansin go raibh an bua acu.

Chruinnigh an bhuíon chathbhuach i gcomhair dílse a thabhairt d'Artúr. D'ainneoin a éadan a bheith fuilteach, bhí sé lánsásta.

Mar ba ghnách, bhí cead ag Artúr bás a imirt ar an ngaiscíoch ba mhoille a chuaigh isteach sa chath. Ach shocraigh Artúr ar gan a dhéanamh mar ní raibh sé uaidh go bhfaigheadh aon Bhreatnach eile bás an lá sin.

Chuir an cinneadh sin leis an meas a bhí ag na gaiscígh eile air agus shocraigh siad ar é a chur i gceannas orthu go léir. Bhí Caoi agus Beithear an-bhródúil as.

15,

Chuaigh Artúr i gceannas ar an mbuíon agus gheall sé dóibh go ndéanfaidís talamh an namhad a argain is go mbrisfí ar an namhaid arís is arís eile.

Théadh sé go bailte Breatnacha agus roinneadh sé an chreach idir na Cymry – nó idir a fhir féin. Sula fada, bhí clú agus cáil air sa dúiche theorann agus lasmuigh di.

Is iomaí gaiscíoch a shocraigh ar Artúr a leanúint, i gcomhair na creiche is na glóire agus ar son an chirt. Níorbh fhada gur deineadh slua beag den bhuíon.

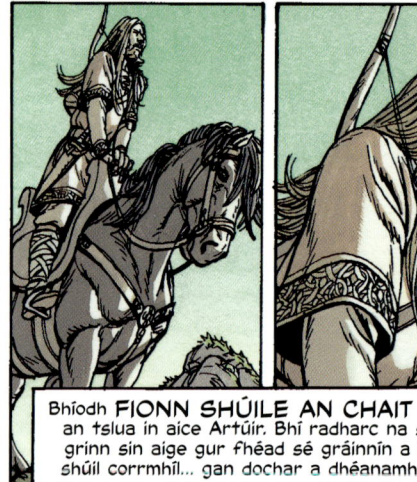

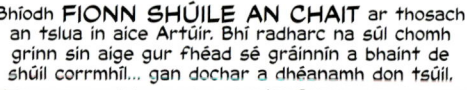

Bhíodh **FIONN SHÚILE AN CHAIT** ar thosach an tslua in aice Artúir. Bhí radharc na súl chomh grinn sin aige gur fhéad sé gráinnín a bhaint de shúil corrmhíl... gan dochar a dhéanamh don tsúil.

Bhíodh **CINDILIG NA GCOMHARTHAÍ** ann leis, treoraí a bhí ábalta ar an mbuíon a stiúradh trí dhúichí aitheanta is iasachta gan dua.

Bhíodh **MUIRBHRAN**, mac le Tostach Maol ís le Cuarbhean, ag marcaíocht ina dteannta leis. Cé go raibh sé míchumtha míchórach, d'fhág sé a mhuintir mar go raibh saol eachtrach uaidh.

Gaiscíoch óg anamúil Gaelach darb ainm **LÚ LÁMHFHADA**, a bhíodh ina aicesean.

16.

Bhíodh **SEANCHOISÍ MAC ÉIRIME** in éineacht leo leis. Fear ba ea é a bhí ábalta ar rith chomh tapa le heach.

Bhíodh **GLEOLIATH MÓRGHABHÁLACH**, ina aice, fear ag a raibh greim fíorchrua. Piarda teann téagartha ba ea é: bhí a lámha chomh teann le crainn is a cheathrúna chomh daingean le huláin.

Bhíodh gaiscíoch eile, **EINBHEAS EITEACH**, ar an gcéad each eile, fear ba ea é nach n-imíodh ó aon chath ach ar shínteán.

Bhíodh **HUÍADHAIL** ann leis. Mac le Rí **CHOM CHABHA LÉITH**, le **CABHA CRUITHNEACH**, ba ea é. Agus é ag feitheamh leis an lá a chorónófaí é, d'imigh sé chun glóir agus gradam a thuilleamh.

Bhíodh gaiscígh uaibhreacha eile leo, na daoine seo a leanas san áireamh: **DEARC MAC DEARCAIGH** a d'fhéadfadh Cataibh, an áit ab shia ó thuaidh, a fheiceáil ó Gharrán na Coille sa Chorn agus **GÉARGHOILEACH ARD** agus **OLLGHOILEACH ARD**, beirt dearthāireacha cíocrasacha...

...agus **CAOILTE COSLUATH**, fear nach ndéanfadh a choiscéimeanna éadroma ríbe féir a leagan agus **SEAN-TEITHE**, ag a raibh scian nach bhfanfadh aon chos uirthi agus **STARRAGĀNAÍ**, stíobhard Artúir, a bhíodh ina éineacht i gcónaí.

Bhí meas mór acu go léir ar Artúr, agus bhídís réidh i gcónaí lena leanúint ó cheann ceann den tír. Ní hamháin sin, ach bhídís réidh i gcónaí le bás a fháil ar a shon.

Gaiscígh fheisteasacha faoi iomlán airm ba ea an bhuíon chogaidh. Pé áit a dtéidís, bhíodh an bua acu agus mholtaí iad.

Agus é i gceannas ar a leithéid sin de ghaiscígh, rug Artúr bua ar na Sasanaigh arís is arís eile.

Cuireadh le calmacht an taoisigh Bhreatnaigh de réir mar a chuaigh a shlua i méid. Théadh sé ag gabháil ní ba shia is ní ba shia arís thar imeall thír na Sasanach is d'fhilleadh sé gach uair le tuilleadh maoine agus le tuilleadh fear don slua.

Is réidh a fuair sé airm agus maidir leis an tslí inar chuir sé a shlua in eagar, ní raibh a sárú le fáil. Ní hamháin sin ach dhein graífheirmeacha Breatnacha eich thréana luatha a sholáthar don slua.

Mhéadaigh cáil Artúir de réir mar a fuair sé buanna ar na Sasanaigh, agus níorbh fhada gur chuala an Rí Ambrós trácht air i gCathair an Léigiúin.

Lá agus Ambrós ag filleadh ar a dhaingean i ndiaidh dó a bheith ag seilg, bhuail Muirdhún uime, rud a chuir ionadh air – agus chuir sé ceisteanna air mar gheall ar Artúr.

Tháinig miongháire ar bhéal Mhuirdhúin, agus d'admhaigh sé nárbh fhéidir calmacht Artúir ná a bhuíne catha a shéanadh.

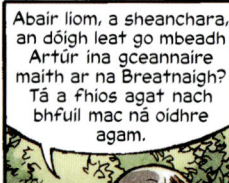

Abair liom, a sheanchara, an dóigh leat go mbeadh Artúr ina gceannaire maith ar na Breatnaigh? Tá a fhios agat nach bhfuil mac ná oidhre agam.

Níl sé in am trácht ar oidhre ná geall leis, a Ambróis, a chara dhil.

Tá an chalmacht go maith, ach níl in Artúr ach coileán i gcomparáid le do leithéidse de mhathúin mór!

Go ndéana sé é féin a fholcadh i bhfuil na Sasanach go dtí go mbeidh sé dea-sháitheach.

18.

Tráthnóna amháin i mbaile beag a bhí cóngarach don teorainn, bhí Artúr is a lucht leanúna ag déanamh fleá...

A Artúir?!

Cad tá ort?

Nár mhaith leat bheith inár gcomhluadar anocht?

A Chaoi, a dheartháir dhil, is éachtach ár ngníomhartha: mharaíomar na Sasanaigh ina scórtha, thógamar a gcuid óir, dheineamar a sluaite a scriosadh, agus chuireamar eagla is uamhan a gcroí orthu...

Nach é sin a bhí uait?

Is é... ach ní leor é. Tá i bhfad níos mó le déanamh.

Is éard atá uaim ná gur mó an clú is an cháil is an meas a bheidh orm ná a bhí ar aon Bhreatnach eile ríamh.

Beidh urraim is ómós thar cuimse ag na Cymry dom. Cuirfear critheagla ar na Sasanaigh is ar na Cruithnigh is ar na Gaeil nuair a chloisfidh siad m'ainm. Is mise a bheidh ar an gceannaire is fearr a mhair riamh sa tír lag seo!

Seans go bhféadfainn thú a chur ar bhóthar do leasa, a Artúir.

Conas sin, a Ghaeil dhílis?

D'éist Artúr leis agus Lú Lámhfhada ag aithris scéal a chuala sé ó bhard fánach.

Dúirt Lú go raibh inis rúndiamhrach thar sáile idir **INIS MONAIDH** agus Éirinn, inis ba ea í ar a raibh daingean maorga darbh ainm **AN CHATHAIR ROITHLEÁNACH...**

19,

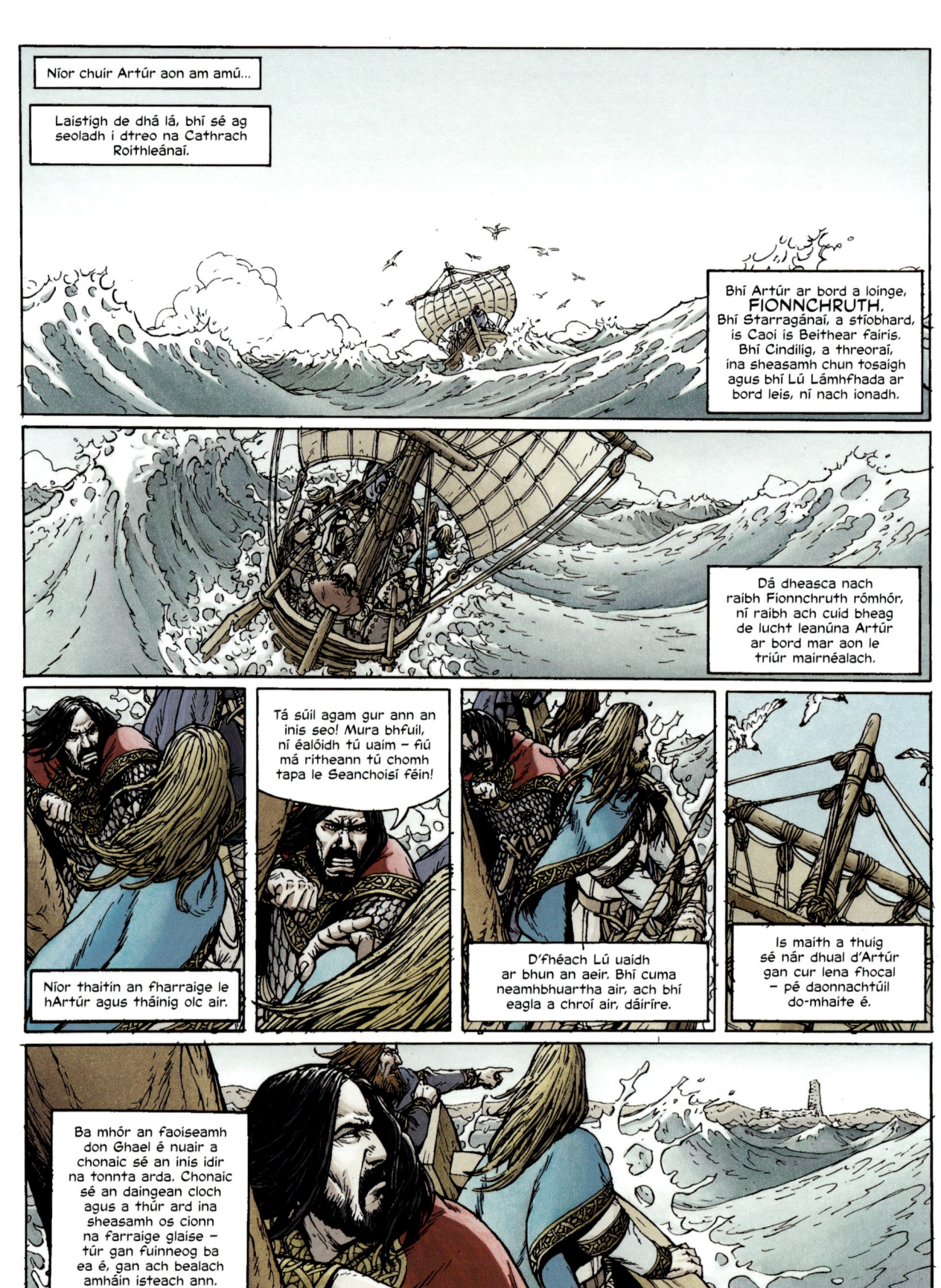

Níor chuir Artúr aon am amú...

Laistigh de dhá lá, bhí sé ag seoladh i dtreo na Cathrach Roithleánaí.

Bhí Artúr ar bord a loinge, FIONNCHRUTH. Bhí Starragánaí, a stíobhard, is Caoi is Beithear fairis. Bhí Cindilig, a threoraí, ina sheasamh chun tosaigh agus bhí Lú Lámhfhada ar bord leis, ní nach ionadh.

Dá dheasca nach raibh Fionnchruth rómhór, ní raibh ach cuid bheag de lucht leanúna Artúr ar bord mar aon le triúr mairnéalach.

Tá súil agam gur ann an inis seo! Mura bhfuil, ní éalóidh tú uaim – fiú má ritheann tú chomh tapa le Seanchoisí féin!

Níor thaitin an fharraige le hArtúr agus tháinig olc air.

D'fhéach Lú uaidh ar bhun an aeir. Bhí cuma neamhbhuartha air, ach bhí eagla a chroí air, dáiríre.

Is maith a thuig sé nár dhual d'Artúr gan cur lena fhocal – pé daonnachtúil do-mhaite é.

Ba mhór an faoiseamh don Ghael é nuair a chonaic sé an inis idir na tonnta arda. Chonaic sé an daingean cloch agus a thúr ard ina sheasamh os cionn na farraige glaise – túr gan fuinneog ba ea é, gan ach bealach amháin isteach ann.

20.

Sula fada, shroich Artúr agus a chompánaigh an sceir.

Chuir DÍORNACH fáilte rompu. Ba é comhairleoir MAOINGHA MHIC AODHA, Ardrí Éireann, é.

Tionlacadh chun cúirt Dhíornaigh iad, chun áit a bhí neadaithe ag bun an túir. Túr ba ea é de shórt nach bhfaca Artúr ná a lucht leanúna riamh roimhe sin.

Cé gur mór an fháilte a chuir Díornach roimh na haíonna, is an-bheag an mhuinín a bhí aige iontu.

Bhí an gaiscíoch calma gioblach, Artúr, ina sheasamh sa halla agus ba é ab fhada le Díornach go mbeadh a fhios aige cad faoi deara é a theacht thar sáile.

Dhein Artúr agus Díornach a chéile a mholadh is a phlámás ós comhair a raibh ann.

Ba ghnách a leithéid a dhéanamh, rud a thuig Artúr go maith.

Agus é ag dul chun an halla mhóir, tháinig Artúr ar bhean an chaisleáin, ar bhean Dhíornaigh, ar MHÁTRÚN.

21.

Bheannaigh Mátrún dóibh go léir agus bhí a n-ainmneacha go léir aici, rud a chuir iontas orthu. Thionlaic sí iad chun na fleá a bhí á déanamh ag Díornach agus ag a theaghlach ar a son.

Bhí Artúr is a lucht leanúna breá sásta glacadh leis an gcuireadh. Thosaigh baird Dhíornaigh ar a mholadh go hard agus an teaghlach ag ullmhú an halla.

Bhí dea-ghiúmar ar chách. Is ansin a chuir Artúr ceist ar Dhíornach maidir leis an dá iontas draíochta a bhí aige.

Ba é céad cheann acu ná coire nach raibh a shárú le fáil. Sárchlaíomh lonrach an dara ceann agus deirtí nach raibh aon duine uasal a dhóthain chun é a bheartú.

Nuair a chuir Artúr an cheist ina dtaobh, leath na súile ar Dhíornach le hiontas. Dúirt sé gurbh fhíor go raibh coire na flúirse aige – ach nach raibh sa chlaíomh ach cur i gcéill.

Agus an méid sin ráite aige, tugadh an coire iontach isteach sa halla.

Bhí coire Dhíornaigh ag crithlonrú go niamhrach, agus bhí sé ní b'ornáidí, ní b'áille ná aon choire eile dá raibh riamh ann.

Bhí an coire lán de dhraíocht. Árthach ba ea é a chothódh na mílte gaiscíoch.

Ní fhaca Artúr ná a chompánaigh iontas dá leithéid riamh agus tháinig ionadh is alltacht orthu.

Chonaic Díornach an tsaint ollmhór i súile Artúir, rud a dhearbhaigh dó an t-amhras a bhí aige air.

Tugadh nua gach bia agus sean gach dí do na haíonna agus bhí siad breá sásta. D'imigh na huaireanta thart.

Gan choinne, d'iarr Artúr ciúnas ar a raibh ann. Cé gur mhol na baird Díornach as a fhlaithiúlacht, dúirt Artúr go raibh tuilleadh fianaise ag teastáil.

Bhí nós ann go dtabharfadh óstach bronntanas don aoi ba mhór le rá, pé rud ba mhían leis an aoi sin.

Lasmuigh de mo bhean, de Mhátrún, is den inís seo is den daingean is de mo shaol is de mo shaoirse, bíodh do rogha ruda agat, a Artúir.

Ar leagan amach na coinníollacha do Dhíornach, shín Artúr méar chun na duaise a bhí sé a éileamh.

AN COIRE!

Chuir éileamh Artúir olc ar Dhíornach. Ba léir go raibh a lucht leanúna réidh leis an gcoire a chosaint le neart arm.

Tá an coire seo ag mo mhuintir leis na glúine. Ná héiligh é, a Artúir. Roghnaigh rud éigin eile.

Is éard atá uaim ná an coire!

Agus beidh sé agat!

Thóg Caoi an coire agus chuir sé ar dhroim Starragánaí é. Is ar éigean nár cuireadh Starragánaí ar a ghlúine, ach d'éirigh leis.

Lig lucht Dhíornaigh liú fíochmhar astu agus thug siad fogha faoi lucht Artúir.

23

85

Cad é an poll seo?

Mo mhairg nach bhfuil Gleoliath linn. D'fhéadfadh seisean sinn a fhuascailt, gan amhras!

Chuir feall Dhíornaigh olc ar Artúr. Baineadh an rud ab ansa leis faoin ngrian de, mar a bhí a shaoirse.

A Dhíornaigh, a nathair lofa! Ar m'anam go mbeidh d'fhuil ag teacht ina slaoda sula bhfágfaidh mé an inis seo.

A Artúir! Éist leis sin!

Hea?

Coiscéimeanna atá ann!

A Mhátrúin?!

Féach, a Artúir! Tóg é seo!

Is fíor é...

Cad é atá fíor?

Gur duitse a gaibhníodh an claíomh seo, a Artúir. Nochtadh an méid sin dom i dtaibhreamh agus sin an fáth gur tháinig mé anseo.

CALADHBHOLG an t-ainm atá air. Ní raibh aon duine eile ábalta riamh ar a tharraingt as a thruaill ón lá a gaibhníodh é.

Go raibh míle maith agat... ach cad ina thaobh gur fhuascail tú mé?

Mar taibhríodh rud eile dom: is é sin go bhfuasclófá mo mhac, MÓRMHAC.

Is iomaí bliain a chuaigh thart ó chonaic mé é. Tá a fhios agam go bhfuil sé i mbraighdeanas, ach ní fheadar canad.

Do mhac, an ea? Cad ina thaobh nach bhfuil d'fhear céile, Díornach, ag iarraidh é a fhuascailt?!

Tá athair Mhórmhic marbh. Bhí mé i ngrá leis sular phós mé Díornach – sin an fáth ar cuma leis cad a tharlóidh do Mhórmhac.

Sular tháinig Díornach chun an daingin, bhí an áit seo lán d'áthas. Bhí sult agus spraoi ag na gaiscígh sa chúirt.

Anois, ní mhaireann ach scáth den seanshaol. Monuar gur phós mé é...

Tuigim do chás, a Mháthrúin! Treoraigh sinn amach as an bpoll seo, agus réiteoimid an scéal...

Bhí Díornach ar deargmheisce agus dhein Lú Lámhfhada a mharú.

Thóg Caoi an coire agus chuir sé ar dhroim Starragánaí é don dara huair, agus is ar éigean aríst nár cuireadh Starragánaí ar a ghlúine, ach d'éirigh arís leis.

Chuaigh Artúr agus a lucht leanúna ar bord Fhionnchrutha gan mhoill agus d'fhill siad ar an mBreatain.

25,

Ar fhilleadh ar a chúirt féin d'Artúr, léirigh sé an claíomh, CALADHBHOLG.

Thuig a raibh ann gur chlaíomh ar leithligh gurbh ea é is go mbeadh éachtaí thar cionn i ndán don té a bheartódh é.

Shuigh na fir timpeall choire na flúirse chun cuid den bhia a fháil.

Agus ansin, mar ba ghnách ag féastaí Artúir, chuaigh na huaisle in achrann faoin mír churaidh, is é sin le rá, faoin gcéad chuid a thiocfadh as an gcoire, faoin gcuid ba bhlasta.

Mhaígh Beithear gurbh aigesean féin a bhí sí tuillte, ach chuir Einbheas is Sean-Teithe is Huíadhail ina choinne.

A ghaiscíocha calma! Níl aon chall fuil a dhoirteadh de dheasca mír fheola...

Tá fear oraibh a sháróidh an chuid eile agaibh ó thaobh calmachta de!

Sular thiontaigh an sult ina chlampar ceart, mhol Artúr réiteach ar an achrann...

As seo amach, coimeádfar an áit ar thaobh mó láimhe deise don té ag a mbeidh an mhír churaidh tuillte.

Ach ní bheidh aon duine ann go dtí go léireoidh sé go bhfuil an áit tuillte aige.

I ndiaidh d'Artúr an méid sin a rá, thug a raibh ann bualadh bos dó.

Bheadh an áit ar dheis Artúir folamh ar feadh na mblianta... ach ní bheadh sé folamh go deo.

26.

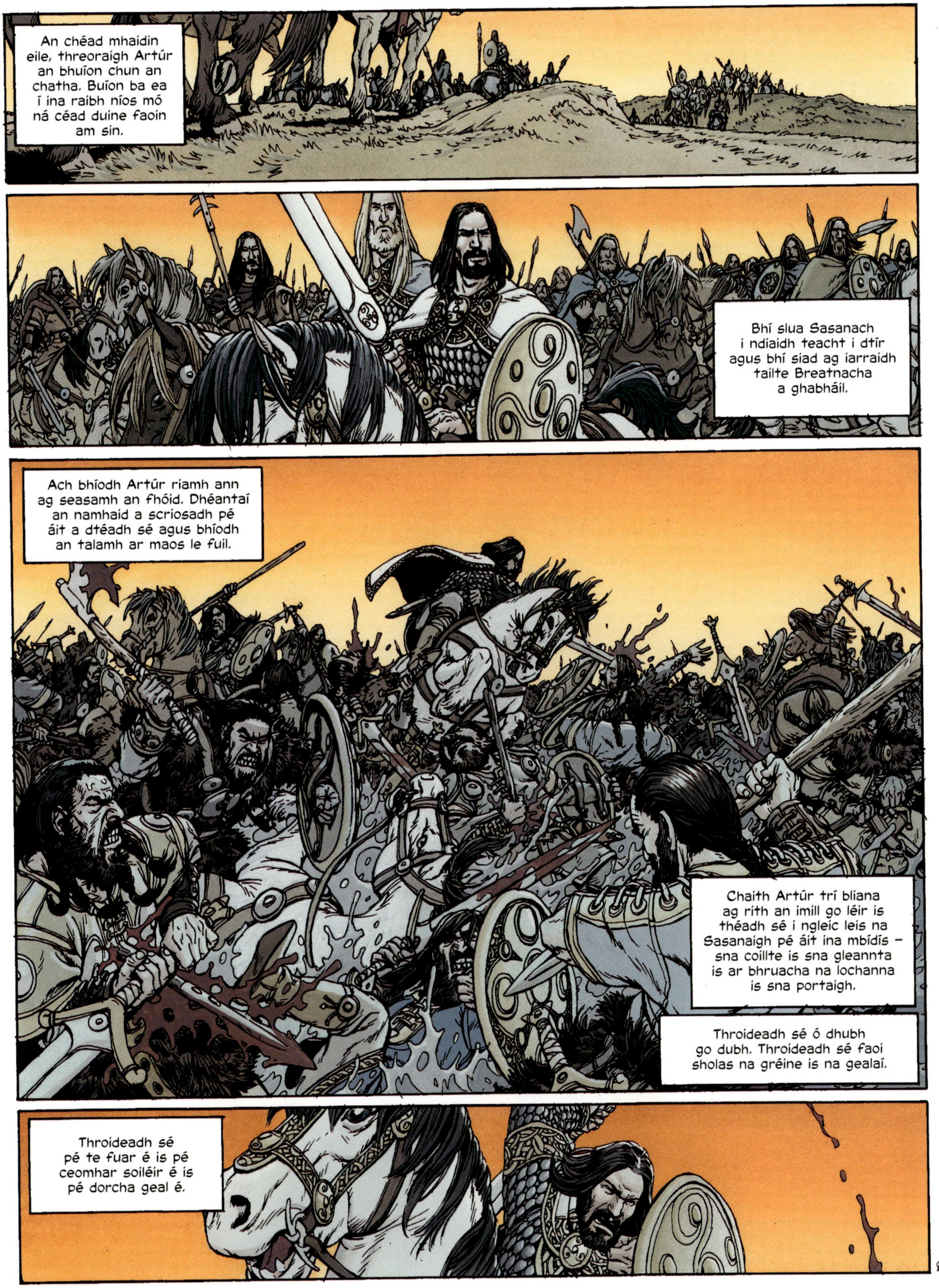
An chéad mhaidin eile, threoraigh Artúr an bhuíon chun an chatha. Buíon ba ea í ina raibh níos mó ná céad duine faoin am sin.
Bhí slua Sasanach i ndiaidh teacht i dtír agus bhí siad ag iarraidh tailte Breatnacha a ghabháil.
Ach bhíodh Artúr riamh ann ag seasamh an fhóid. Dhéantaí an namhaid a scriosadh pé áit a dtéadh sé agus bhíodh an talamh ar maos le fuil.
Chaith Artúr trí bliana ag rith an imill go léir is théadh sé i ngleic leis na Sasanaigh pé áit ina mbídís – sna coillte is sna gleannta is ar bhruacha na lochanna is sna portaigh.
Throideadh sé ó dhubh go dubh. Throideadh sé faoi sholas na gréine is na gealaí.
Throideadh sé pé te fuar é is pé ceomhar soiléir é is pé dorcha geal é.
27.

Throideadh Caoi Ard in aice Artúir is shnoíodh sé clogaid is cinn lena chlaíomh.

Bhíodh Beithear ag troid ar an taobh eile d'Artúr agus chuireadh sé críothán i gcroí an namhad. Dhéanadh a shleá cneá amháin i gcolainn agus í ag dul isteach inti ach naoi gcneá mharfacha agus í ag teacht amach aisti.

Bhain Artúr agus a shlua bua i ndiaidh bua amach agus chuirtí eagla ar chroí na Sasanach arís is arís eile agus ní bhíodh deireadh leis an moladh a thugtaí d'Artúr ó na Breatnaigh.

Ach le linn cath fíochmhar amháin, dhein taoiseach Sasanach aghaidh Artúir a ghortú go holc lena chlaíomh.

Bhí dorchacht tagtha ar an gcampa is ar Artúr féin, ach shnámh scáth trí na scáthanna eile...

Le teacht na hoíche, chruinnigh na saoithe timpeall Artúir. Chuir Starragánaí ceirí ar an gcneá ach níor leor an méid sin chun radharc a thaoisigh a leigheas.

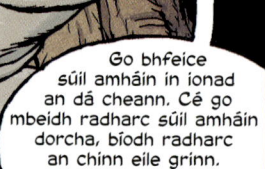

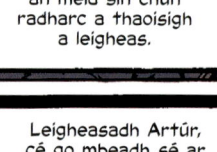

Go bhfeice súil amháin in ionad an dá cheann. Cé go mbeidh radharc súil amháin dorcha, bíodh radharc an chinn eile grinn.

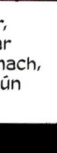

Leigheasadh Artúr, cé go mbeadh sé ar leathshúil uaidh sin amach, agus d'imigh Muirdhún gan fhios.

Tháinig fir ó chian is ó chóngar le dul i slua Artúir agus níorbh fhada gur éirigh sé ina shlua mór ceart.

Bhí **GUIRTHIR NA DTEANGACHA** ar dhuine de na gaiscígh nua. Bhí teangacha na ndaoine is na n-ainmhithe go léir aige. Ateangaire Artúir ba é é.

Tháinig **CLUAS MAC CLOISTEÁLA** chomh maith. Bhí an éisteacht chomh maith sin aige go raibh sé ábalta ar sheangán a chloisteáil ag imeacht óna nead ar an taobh eile de pháirc.

Bhíodh **LASAIRBHONN** laistiar díobh. Dhéanadh a chosa tine chreasa a bhaint as clocha.

Bhíodh **TALAMHBHONN** ina aice. Fear a bhí chomh téagartha sin gur fhéad sé má réidh a dhéanamh de shliabh ard lena cholainn.

29.

Bhíodh **LIOPAIRE MAC AN FHOSAIDH** ann. Fear ba ea é a bhí ábalta ar a bheola a shíneadh i gcomhair an ceannaire a chosaint.

Bhíodh **OSLA NA SCINE MÓIRE** ina aice, fear ag a raibh an scian draíochta **BROINNLANN BHEARRLEATHAN**, Bhí lann na scine ábalta ar shíneadh ó thaobh amháin d'abhainn go dtí an taobh eile. Bhíodh sí mar dhroichead don slua.

Bhíodh **SIOLPAIRE MAC SÚMAIRE** leo, fear a raibh tine chraosach ina bholg is a bhí ábalta ar abhainn a shlogadh i gcomhair an tart a bhaint de.

Bhíodh **SEASMHACH** ann leis, fear a bhí ábaltaar sheasamh ar leathchois fad an lae.

Ina ndiaidh siúd, bhíodh **ÉIRIN BREÁ**, a bhíodh mar stíobhard ag Artúr agus Starragánaí as láthair, ag marcaíocht mar aon le **SEANAR MAC UIRBIGH** is le **FIONN MAC CUMHAILL**, gaiscígh cháiliúla an bheirt acu, agus le **FÉAR MAC AN FHÉARAIGH** is le **MAITHEÁN MAC TRÉANTÚIR**.

Ní raibh slua chomh dúthrachtach leo ann riamh roimhe sin agus thug siad uchtach d'Artúr gach lá agus é ag dul i gcath...

IONSAÍGÍ!

30

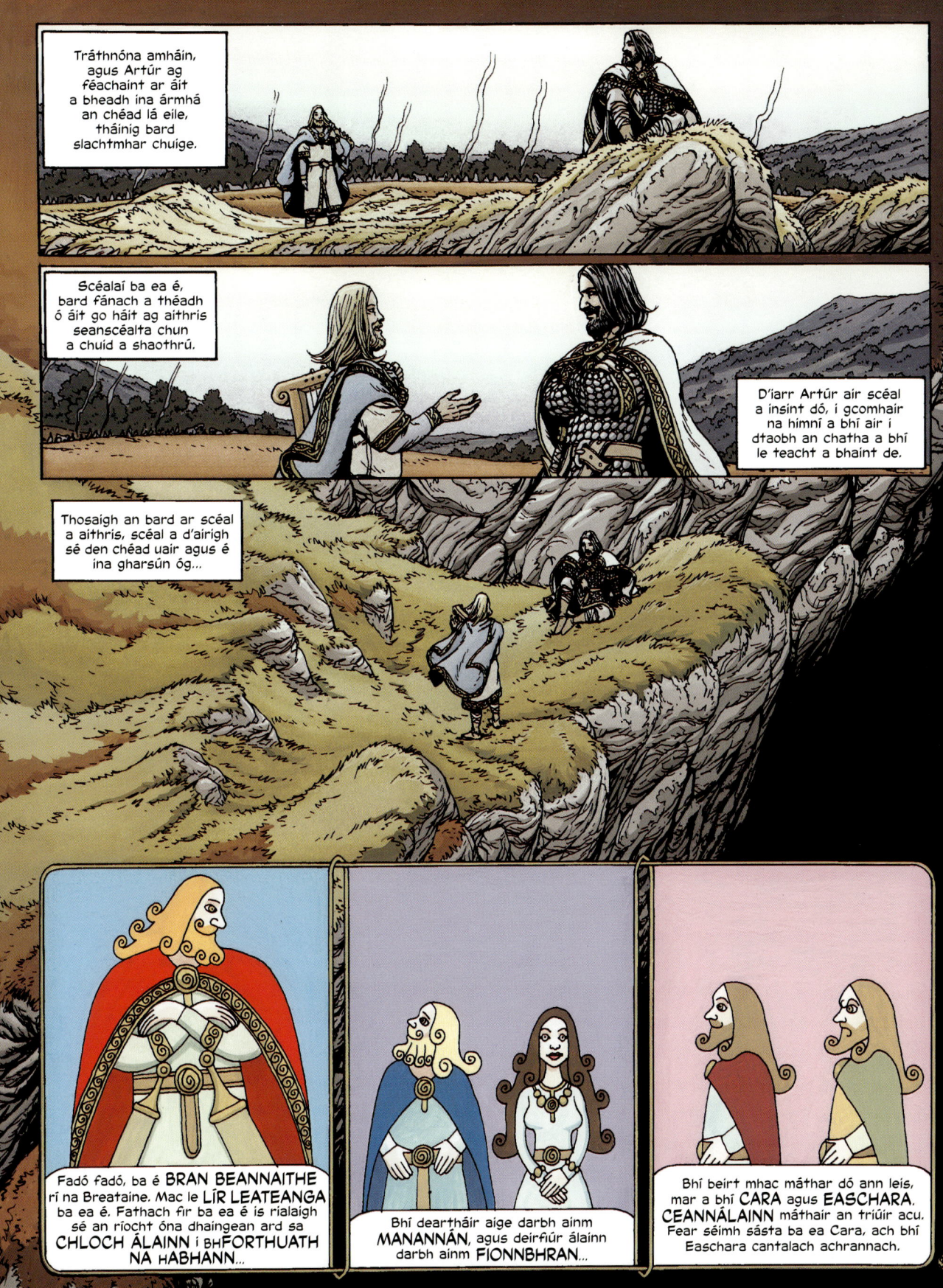

Tráthnóna amháin, agus Artúr ag féachaint ar áit a bheadh ina ármhá an chéad lá eile, tháinig bard slachtmhar chuige.

Scéalaí ba ea é, bard fánach a théadh ó áit go háit ag aithris seanscéalta chun a chuid a shaothrú.

D'iarr Artúr air scéal a insint dó, i gcomhair na hImní a bhí air i dtaobh an chatha a bhí le teacht a bhaint de.

Thosaigh an bard ar scéal a aithris, scéal a d'airigh sé den chéad uair agus é ina gharsún óg...

Fadó fadó, ba é **BRAN BEANNAITHE** rí na Breataine. Mac le **LÍR LEATEANGA** ba ea é. Fathach fir ba ea é is rialaigh sé an ríocht óna dhaingean ard sa **CHLOCH ÁLAINN** i bh**FORTHUATH NA HABHANN...**

Bhí deartháir aige darbh ainm **MANANNÁN**, agus deirfiúr álainn darbh ainm **FIONNBHRAN...**

Bhí beirt mhac máthar dó ann leis, mar a bhí **CARA** agus **EASCHARA**. **CEANNÁLAINN** máthair an triúir acu. Fear séimh sásta ba ea Cara, ach bhí Easchara cantalach achrannach.

Lá amháin, agus é ina shuí ar charraig ard os cionn na dtonnta, chonaic Bran trí long déag ag seoladh ina threo ó ÉIRINN.

D'ordaigh sé dá dheartháireacha is dá fhir fáilte a chur roimh na cuairteoirí. Bhí sciath in airde ar chrann ceann de na longa mar chomhartha síochána.

Is é MÁL MAC RÓCHROÍ, Ardrí Éireann, a bhí i gceannas ar an loingeas is dúirt sé le Bran Beannaithe go raibh sé tagtha chun Fionnbhran a phósadh.

I ndiaidh dó machnamh ar feadh tamaill, thoiligh Bran le hiarratas Mháil is shocraigh sé air gur i NDÚN NA HABHANN MÓIRE in Inis Monaidh a phósfaí iad.

Sheol Mál agus a loingeas go Dún na hAbhann Móire agus mháirseáil Bran ann lena lucht leanúna chun an pósadh a cheiliúradh.

Is i bpáirc a bhí lán de phailliúin a cuireadh an bhainis ar siúl, mar ní raibh aon halla mór a dhóthain do Bhran Beannaithe.

Ach ní dheachaigh aon duine i gcomhairle le hEaschara maidir leis an bpósadh. Ar chloisteáil an scéil dó, chuaigh sé ar deargbhuile agus thosaigh sé ar eacha Mháil a mharú.

Ghearr sé a mbeola siar go dtí a bhfiacla is bhain sé na cluasa is na heireabaill is na malaí díobh.

Chuir an tarcaisne olc ar Mhál, ach thuig sé nach raibh baint ar bith ag Bran Beannaithe leis. Thoiligh sé eacha eile a ghlacadh mar chúiteamh mar aon le bachall airgid is le soitheach leathan óir.

Cé go raibh muintearas eatarthu arís, thuig Bran ina aigne nach raibh Mál chomh muinteartha is a bhí agus nár thaitin na bronntanais leis.

Dá bhrí sin, bheartaigh Rí na Breataine ar rud eile a thabhairt d'Ardrí Éireann leis, mar a bhí Coire na hAthbheochana.

Aon ghaiscíoch marbh a chuirfí isteach ann, dhéanfadh an coire é a thabhairt ar an saol arís – ach bheadh sé balbh.

Agus an cúiteamh tugtha do Mhál, lean an fhéile ar aghaidh go dtí gur sheol Fionnbhran agus Mál go hÉirinn.

Bliain ina dhiaidh sin, rugadh mac breá d'Fhionnbhran darbh ainm FEARN.

Ach bhí an mháchail a cuireadh ar na heacha ag cur isteach ar chuid de lucht leanúna an rí go fóill agus bhí mallachtaí á gcur ar Easchara as an drochbheart ar fud na tíre.

Rí lag ba ea Mál agus ba é an chloch ba mhó ar a phaidrín ná go mbeadh meas an phobail air. Mar sin, ghéill sé leis an gcomhairle agus shocraigh sé ar dhíoltas a imirt.

Shocraigh Mál ar Fhionnbhran a dhíbirt óna chúirt shaibhir agus ar í a chur ag obair mar chailín cistine is bhíodh sí á bualadh gach lá ag an mbúistéir.

Bhí crá chomh mór sin ar Fhionnbhran gur shocraigh sí ar an ngnó go léir a insint dá deartháir. Chuir sí teachtaireacht chuige lena ceangal le druíd.

D'eitil an druíd chróga thar na tonnta agus fuair sí an rí ina chúirt sa CHATHAIR AR AGHAIDH INIS MONAIDH.

Chuir an litir olc ar Bhran Beannaithe agus bheartaigh sé láithreach ar a dheirfiúr a fhuascailt ón gciapadh.

Chuir Bran a mhac, CARTHACH, i gceannas ar an ríocht ina éagmais, agus chuaigh sé go hÉirinn lena fhear – is i loingeas a chuaigh na gaiscígh ach is trí na tonnta a shiúil an rí féin.

Chun é féin a chosaint, bhris Mál an t-aon droichead trasna na SIONAINNE, trasna na habhann aite a dhéanadh a dtéadh isteach inti a shlogadh.

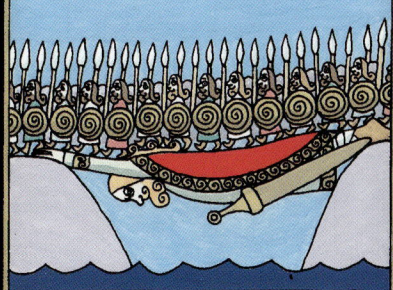

"Bíodh an ceannaire ina dhroichead!" arsa Bran Beannaithe de bhéic. Shínigh sé é féin ó bhruach amháin den abhainn go dtí an bruach eile, agus chuaigh an slua trasna na habhann ar a dhroim.

Is maith a bhí a fhios ag Mál go raibh ainm an ghaiscígh dhosháraithe ar Bhran, rud a chuir eagla air.

Shocraigh sé ar an gcoróin a thabhairt dá mhac, d'Fhearn – ach níor shásaigh an méid sin Rí na mBreatnach.

Ghlaoigh Mál ar a chomhairleoirí arís. Mhol siad dó Ardríocht Éireann a ligean le Bran Beannaithe agus ómós a thabhairt dó as sin amach.

Ní hamháin sin ach mhol siad dó áras ard maorga a thógáil de shaghas nach bhfacthas riamh – bheadh sé chomh mór sin go bhféadfadh Bran agus a fhir go léir a bheith ann ar an am gcéanna mar aon le Mál agus lena lucht leanúna.

Cuireadh an smaoineamh in iúl do Bhran. Agus a dheirfiúr dhil Fionnbhran ag sileadh na ndeor is ag impí air glacadh leis ar mhaithe le hÉirinn, ghlac.

Thóg na Gaeil an t-áras is bhí sé ní b'airde, ní ba leithne, ní ba mhaorga, ní ba ríoga, ná aon halla eile dár tógadh riamh. Bhí céad cuaille faoin díon á choimeád in airde.

Le héirí na gréine ar an lá a bhí fáilte le cur roimh Bhran Beannaithe san áras, chuaigh Easchara isteach ann is a dhá shúil nimhneacha ag scinneadh anonn is anall.

Thug sé faoi deara go raibh mála ar crochadh ar gach ceann de na céad colún. D'fhiafraigh sé de shearbhónta Gaelach cad a bhí sna málaí agus dúirt an searbhónta leis gur phlúr a bhí iontu.

Ach chuir Easchara lámh ar an mála ba ghiorra dó agus mhothaigh sé ceann an fhir a bhí istigh ann.

Bhrúigh sé an mála go trom go dtí gur bhris sé cloigeann an fhir a bhí istigh ann.

Chuaigh sé ó mhála go mála, ag brú ar na cloigne gur bhris sé iad. Gaiscígh ba ea iad a bhí ullamh chun Bran Beannaithe a ionsaí is a mharú istoíche. Cé go raibh clogad ar an bhfear a bhí sa mhála deireanach, níor éalaigh sé ón ngreim marfach.

Agus deireadh curtha le huisce-faoi-thalamh Mháil, tháinig an dá rí agus a gcuid fear le chéile i gcomhair dul-i-gcoróin Fhearna a cheiliúradh.

Ach le linn an cheiliúrtha, tháinig éad mór ar Easchara tar éis dó Fearn a fheiscint i mbaclainn Charad is Mhanannáin agus chuaigh sé ar deargbhuile arís. Rug sé ar chos ar an leanbh agus chaith sé sa tine é.

De dheasca an pheaca uafásaigh sin, tharraing lucht leanúna Mháil a gclaimhte as na truaillí agus thosaigh troid fhuilteach.

Chosain na Cymry iad féin go calma, ach níorbh fhada go bhfuair na Gaeil an lámh in uachtar, ag baint úsáid as Coire na hAthbheochana chun beocht a chur sna mairbh arís.

Thuig Easchara gurbh eisean faoi deara an anachain go léir agus chuaigh sé ina luí i measc mhairbh na nGael d'fhonn is go gcaithfí i gCoire na hAthbheochana é.

Caitheadh sa choire é, áit ar shín sé é féin is ar bhrúigh sé go dtí gur briseadh an coire ina cheithre chuid.

De dheasca an tsaothair, fuair Easchara bás, a chroí briste.

Is mór an t-olc a bhí ar Bhran Beannaithe. Mharaigh sé Mál agus nuair a thit a méid sin amach, theith na Gaeil ón troid.

Bhí an bua ag na Cymry, ach is géar a dhíol siad as. Ní raibh ach mórsheisear acu beo fós. Bhí Bran ar dhuine acu, ach tugadh buille marfach dó le sleá nimhe.

Sular éag sé, dúirt an rí lena fhir an ceann a bhaint de agus, i ndiaidh dóibh seacht mbliana a chaitheamh ag féastú sa Chloch Álainn, é a bhreith leo go dtí...

...AN TEARMANN i gCEANNBHRUGH. Ba chóir dóibh feitheamh san ardhalla ansiúd ar feadh ceithre fichid bliain is a cheann chomh suairc is a bhí riamh, gan aon bhrón ag cur isteach orthu.

Ach chomh luath agus a d'osclófaí an doras a bhí suite os cionn MHUIR NA SABHRAINNE, bheadh sé in am dóibh dul go dtí AN CNOC BÁN agus an ceann a adhlacadh ar aghaidh na farraige i gcomhair an Bhreatain a chosaint go deo ó ionróirí tíoránta.

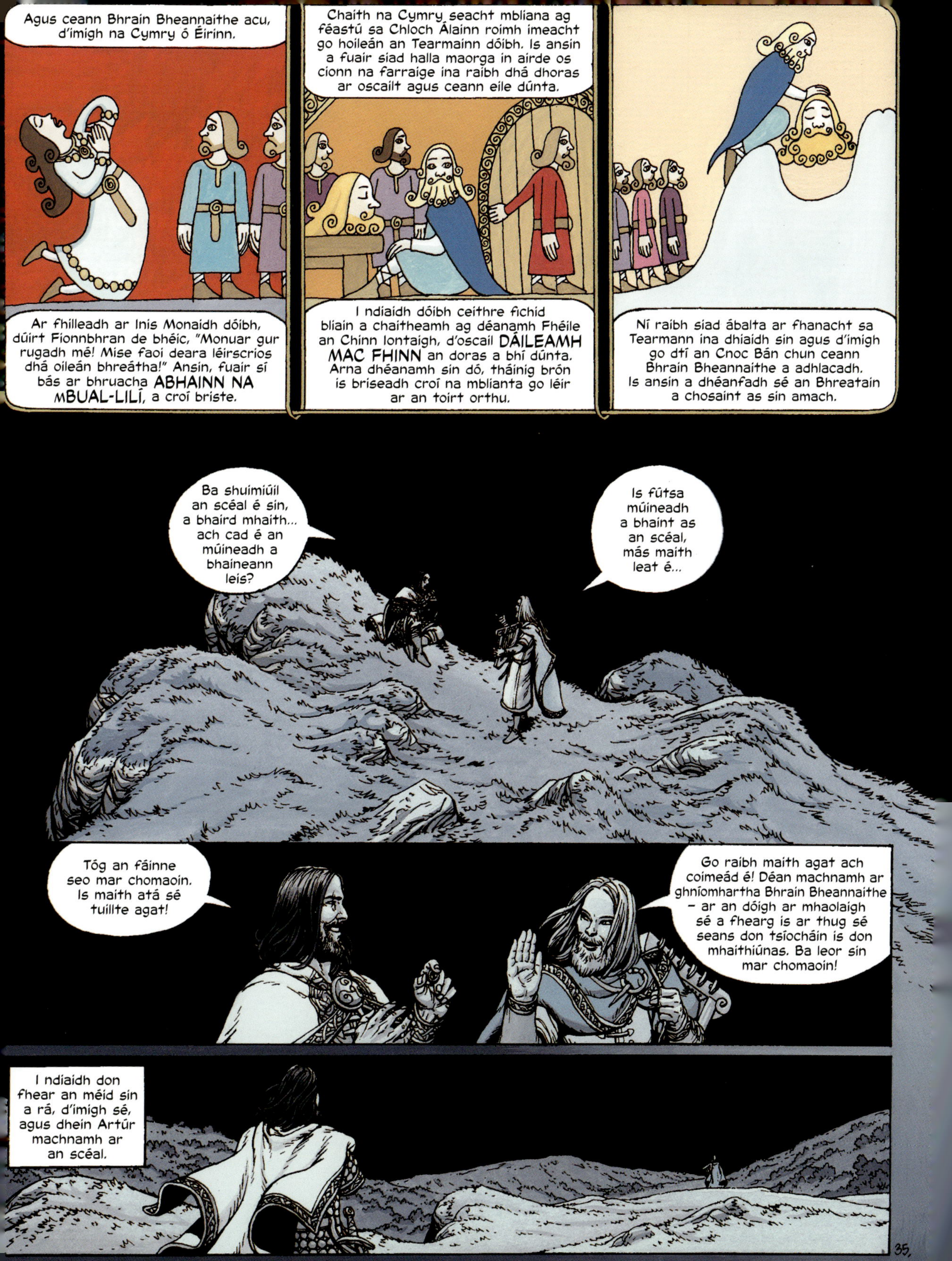
Agus ceann Bhrain Bheannaithe acu, d'imigh na Cymry ó Éirinn.
Ar fhilleadh ar Inis Monaidh dóibh, dúirt Fionnbhran de bhéic, "Monuar gur rugadh mé! Mise faoi deara léirscrios dhá oileán bhreátha!" Ansin, fuair sí bás ar bhruacha ABHAINN NA MBUAL-LILÍ, a croí briste.
Chaith na Cymry seacht mbliana ag féastú sa Chloch Álainn roimh imeacht go hoileán an Tearmainn dóibh. Is ansin a fuair siad halla maorga in airde os cionn na farraige ina raibh dhá dhoras ar oscailt agus ceann eile dúnta.
I ndiaidh dóibh ceithre fichid bliain a chaitheamh ag déanamh Fhéile an Chinn Iontaigh, d'oscail DÁILEAMH MAC FHINN an doras a bhí dúnta. Arna dhéanamh sin dó, tháinig brón is briseadh croí na mblianta go léir ar an toirt orthu.
Ní raibh siad ábalta ar fhanacht sa Tearmann ina dhiaidh sin agus d'imigh go dtí an Cnoc Bán chun ceann Bhrain Bheannaithe a adhlacadh. Is ansin a dhéanfadh sé an Bhreatain a chosaint as sin amach.
Ba shuimiúil an scéal é sin, a bhaird mhaith... ach cad é an múineadh a bhaineann leis?
Is fútsa múineadh a bhaint as an scéal, más maith leat é...
Tóg an fáinne seo mar chomaoin. Is maith atá sé tuillte agat!
Go raibh maith agat ach coimeád é! Déan machnamh ar ghníomhartha Bhrain Bheannaithe – ar an dóigh ar mhaolaigh sé a fhearg is ar thug sé seans don tsíocháin is don mhaithiúnas. Ba leor sin mar chomaoin!
I ndiaidh don fhear an méid sin a rá, d'imigh sé, agus dhein Artúr machnamh ar an scéal.
35

Ach ní raibh mórán ama ann le caitheamh ar mhachnamh. Agus an ghrian ag éirí, dhein Artúr na Sasanaigh a ghreadadh agus a ruaigeadh. Díreach ina dhiaidh sin an méid a chur i gcrích dó, bhrostaigh sé go himeall thír na gCruithneach, go dtí na dúichí Breatnacha a bhí faoi bhagairt acu.

Bhaineadh crúite na n-each spréacha tine as an talamh agus slua Artúir ag dul ó áit go háit ag athghabháil croíthailte an iarthair. Is mór an croitheadh a bhaintí as an talamh agus iad ag gabháil timpeall na tíre ar cosa in airde, rud a bhaineadh geit as ainmhithe is as daoine araon.

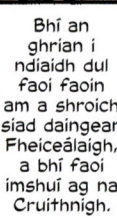

Bhí an ghrian i ndiaidh dul faoi faoin am a shroich siad daingean Fheiceálaigh, a bhí faoi imshuí ag na Cruithnigh.

Ghlaoigh Artúr ar Chaoilte Cosluath.

Is éard a bhí le déanamh acu ná cúnamh a thabhairt do chara le hArtúr, d'FHEICEÁLACH, do mhac impire na Briotáine.

Ar ghlaoigh tú orm?

Ghlaoigh, a Chaoilte. Tar anseo.

An bhféadfá dul trí champa na gCruithneach gan fhios agus a rá le Feiceálach go bhfuilimid tagtha?

Mura bhféadfainnse, ní fhéadfadh aon duine.

Sin an chaint! Is anocht a rachaidh tú! Abair le Feiceálach ruathar a thabhairt ar an namhaid láithreach. Déanfaimidne amhlaidh chomh maith. Bascfar an namhaid eadrainn.

D'éalaigh Caoilte trí champa an namhad tar éis thitim na hoíche.

Agus iad ag feitheamh, lig na gaiscígh agus na heacha a scíth.

Ach bhí Artúr ullamh chun ionsaithe ag an uair réamhshocraithe.

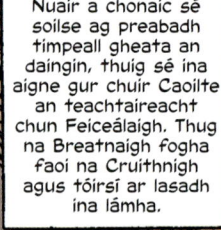

Nuair a chonaic sé soilse ag preabadh timpeall gheata an daingin, thuig sé ina aigne gur chuir Caoilte an teachtaireacht chun Feiceálaigh. Thug na Breatnaigh fogha faoi na Cruithnigh agus tóirsí ar lasadh ina lámha.

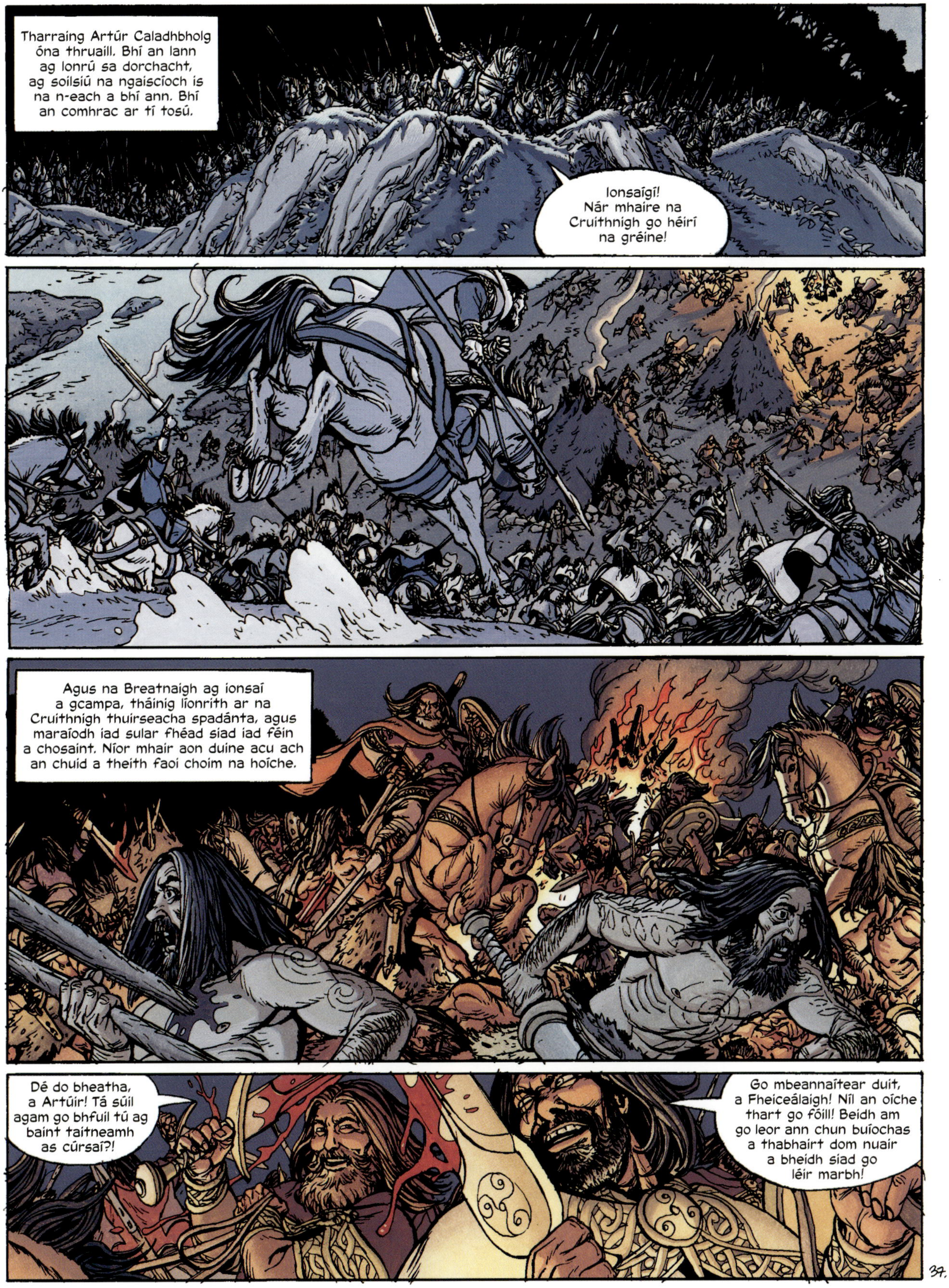
Tharraing Artúr Caladhbholg óna thruaill. Bhí an lann ag lonrú sa dorchacht, ag soilsiú na ngaiscíoch is na n-each a bhí ann. Bhí an comhrac ar tí tosú.
Ionsaígí! Nár mhaire na Cruithnigh go héirí na gréine!
Agus na Breatnaigh ag ionsaí a gcampa, tháinig líonrith ar na Cruithnigh thuirseacha spadánta, agus maraíodh iad sular fhéad siad iad féin a chosaint. Níor mhair aon duine acu ach an chuid a theith faoi choim na hoíche.
Dé do bheatha, a Artúir! Tá súil agam go bhfuil tú ag baint taitneamh as cúrsaí?!
Go mbeannaítear duit, a Fheiceálaigh! Níl an oíche thart go fóill! Beidh am go leor ann chun buíochas a thabhairt dom nuair a bheidh siad go léir marbh!
37.

I bhfad ón ármhá...

Dé do bheatha, a Mhuirghin!

Tá mórán foghlamtha agat i dtaobh an tseanchais, a bhláithín, ach tá tuilleadh le foghlaim...

...sula bhféadfaidh tú an lámh in uachtar a fháil ar mo leithéid de sheansaoi.

Níl tú chomh sean sin!

Ná bíodh dul amú ort! Bíodh nach bhfuil drochbháil curtha ar mo ghnúis le himeacht na mblianta — tá mo cholainn ag feo ar an taobh istigh mar chrann i mbun seargtha...

D'fhan Muirdhún tamall le Muirghín thaitneamhach.

Thugadh sé eolas di gan freagra a thabhairt ar aon cheist a chuireadh sí air. Eisean a shocraíodh ar cad ba chóir di a fhoghlaim.

D'éist an cailín óg go haireach leis. D'fhoghlaim sí go dtagann codladh agus brionglóidí ón leamhán is gur féidir cúnamh a fháil ó sprideanna an tsaoil eile leis an sceach gheal agus gur féidir teagmháil a dhéanamh le muintir an tseansaoil leis an bhfeá.

D'fhoghlaim sí nárbh fhéidir an t-am a bhí le teacht a fheiceáil gan cumhachtaí an choill is na sailí a chur le chéile is gurbh ar son na ngaiscíoch a fuair bás i gcath a choisrictí an phoibleog is gurbh fhéidir duine a chur as radharc le spóir raithní.

Scoláire umhal ba ea Muirghín agus tháinig gach rud go réidh léi, rud a chuir ionadh agus alltacht ar a múinteoir.

Ach níor fhéad Muirdhún a cuid fiosrachta ná a cuid cíocrais chun léinn a mhaolú. Nuair a dhéanadh Muirghín iarracht ar iomad eolais a fháil ar rud, théadh sé ina thost.

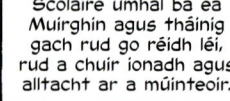

Lá amháin, chonaic Muirdhún Muirghin agus í i mbun comhrá le buachaill óg slachtmhar agus chuir sé grainc air fein.

Dúirt sé léi ar ball go raibh sé ag imeacht. Bhí call lena dhul go háit éigin eile mar bhí eachtraí tábhachtacha ar tí titim amach.

Ach sula n-imeoidh mé, éist liom...

Thug mé faoi deara go bhfuil buachaill óg do do mhealladh...

Ná bíodh náire ort mar is dual don duine a leithéid...

Ach, seans mór go mbeidh cosc ort aon chaidreamh dá leithéid sin a bheith agat...

Má tá uait dul ar aghaidh ar an mbealach seo, ní féidir buachaill ná fear a bheith agat...

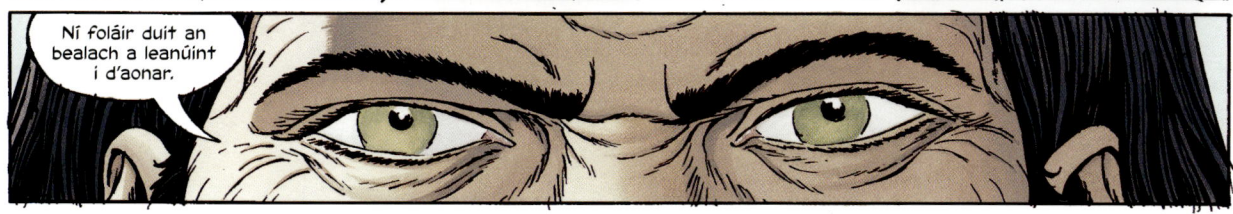

Ní foláir duit an bealach a leanúint i d'aonar.

Taibhríodh rud eile dom chomh maith...

Ní féidir liom mórán a rá ina thaobh...

...ach bíodh a fhios agat, dá mbéarfaí leanbh duit, thitfeadh rud amháin amach a bheadh le leas na tíre agus rud eile a bheadh lena haimhleas.

Ós rud é nach féidir liom a rá leat cad é go díreach a thitfeadh amach, ní féidir liom cosc glan a chur ort giniúint. Ar a shon sin, is mór an baol a bheadh i gceist leis agus is tusa a bheadh freagrach as na torthaí.

Agus an méid sin ráite aige, fuair sé an t-each ba thapúla a bhí ag Conair ar iasacht mar bhí air dul i láthair an Fhlatha Ambrós chomh luath agus ab fhéidir.

Maidir le hArtúr agus le Feiceálach, níor shroích siad an cuspóir a bhí uathu go fóill...

Ní raibh siad sásta na maidí a ligean le sruth: thug siad ruathar i bhfad isteach faoi thír na gCruithneach, ag scriosadh chúl shlua an namhad.

Bhí Artúr meáite ar dheireadh a chur le baol na dtreibheanna cogúla.

Cluicheadh na Cruithnigh go dtí gur chúlaigh siad go croí a dtíre, áit ina raibh loch mór...

Líonadh trí fichid sruthán is abhainn an loch seo, loch a raibh trí fichid oileáinín a bhí ina dtrí fichid tearmann do na Cruithnigh.

Thuig Artúr ina aigne nach bhféadfadh neart arm an ruaig a chur ar na Cruithnigh, dá bhrí sin, shocraigh sé ar an loch a imshuí.

Bhí an plean simplí go leor: feitheamh go dtí go bhfaigheadh an namhaid bás den ocras.

A Fheiceálaigh... abair liom faoi na trí fichid oileáinín atá ar an loch, agus faoi na carraigeacha móra atá orthu...

Seo LOCH LAOMAINN, ceann de thrí loch draíochta na Breataine.

Tá carraig mhór ar gach ceann de na hoileáiníní, mar is eol duit, agus tá nead iolair ar gach carraig.

Agus an uair a bhaileoidh na hiolair go léir le chéile ar aon charraig amháin, is ansin a bheidh pláinéad ar an mBreatain.

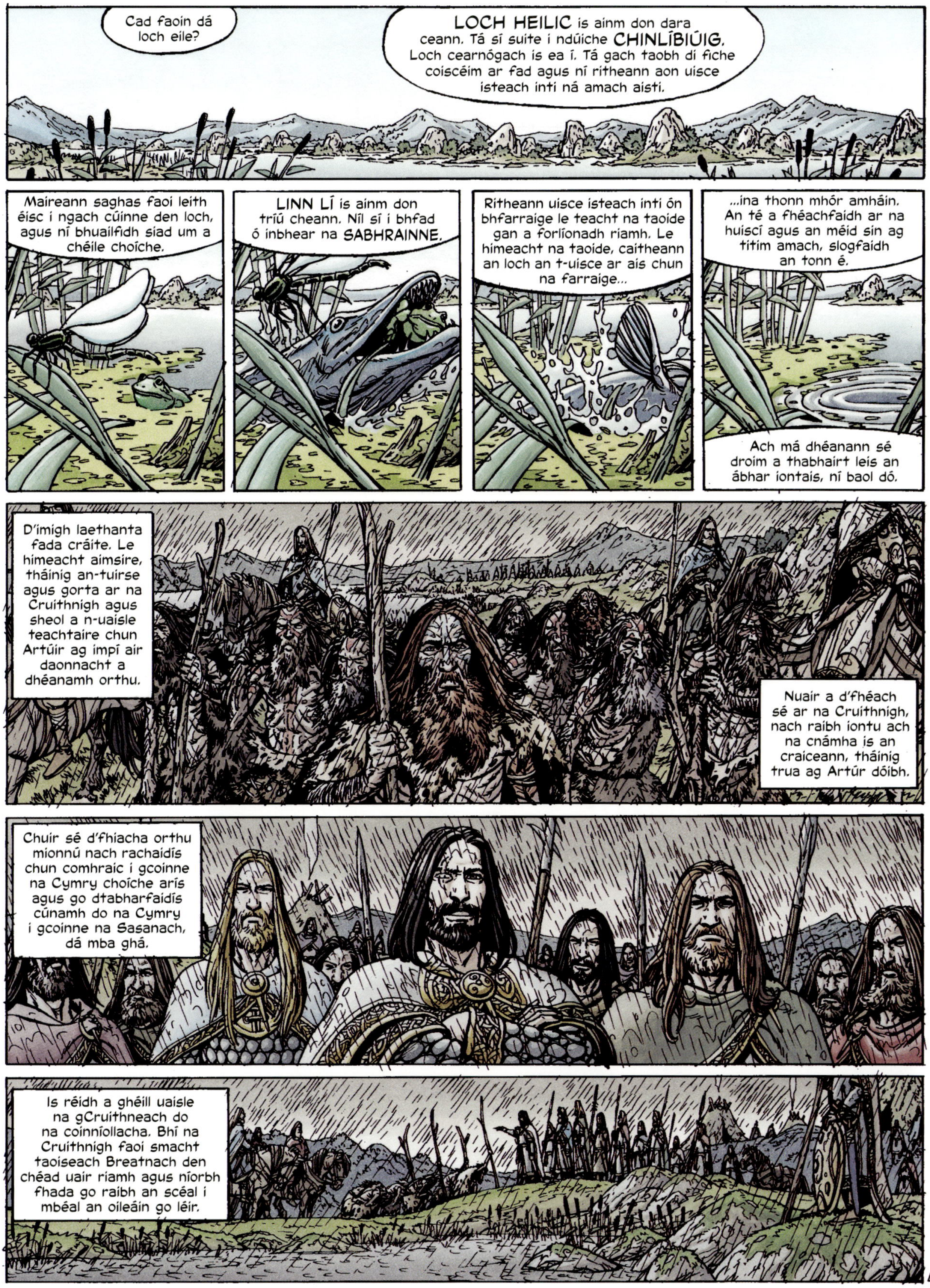
Cad faoin dá loch eile?
LOCH HEILIC is ainm don dara ceann. Tá sí suite i ndúiche CHINLÍBIÚIG. Loch cearnógach is ea í. Tá gach taobh di fiche coiscéim ar fad agus ní ritheann aon uisce isteach inti ná amach aisti.
Maireann saghas faoi leith éisc i ngach cúinne den loch, agus ní bhuailfidh siad um a chéile choíche.
LINN LÍ is ainm don tríú cheann. Níl sí i bhfad ó inbhear na SABHRAINNE.
Ritheann uisce isteach inti ón bhfarraige le teacht na taoide gan a forlíonadh riamh. Le himeacht na taoide, caitheann an loch an t-uisce ar ais chun na farraige...
...ina thonn mhór amháin. An té a fhéachfaidh ar na huiscí agus an méid sin ag titim amach, slogfaidh an tonn é.
Ach má dhéanann sé droim a thabhairt leis an ábhar iontais, ní baol dó.
D'imigh laethanta fada cráite. Le himeacht aimsire, tháinig an-tuirse agus gorta ar na Cruithnigh agus sheol a n-uaisle teachtaire chun Artúir ag impí air daonnacht a dhéanamh orthu.
Nuair a d'fhéach sé ar na Cruithnigh, nach raibh iontu ach na cnámha is an craiceann, tháinig trua ag Artúr dóibh.
Chuir sé d'fhiacha orthu mionnú nach rachaidís chun comhraic i gcoinne na Cymry choíche arís agus go dtabharfaidís cúnamh do na Cymry i gcoinne na Sasanach, dá mba ghá.
Is réidh a ghéill uaisle na gCruithneach do na coinníollacha. Bhí na Cruithnigh faoi smacht taoiseach Breatnach den chéad uair riamh agus níorbh fhada go raibh an scéal i mbéal an oileáin go léir.

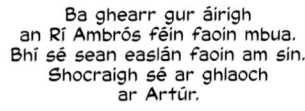

Ba ghearr gur áirigh an Rí Ambrós féin faoin mbua. Bhí sé sean easlán faoin am sin. Shocraigh sé ar ghlaoch ar Artúr.

Seoladh teachtaireacht agus tháinig Artúr go Cathair an Léigiúin gan mhoill lena shlua glórmhar.

Bhí Caoi agus Beithear taobh le hArtúr agus bhí a mharcra go léir laistiar de. B'iontach an radharc é.

Éirigh, a Artúir, agus éist leis an bhFlaith Ambrós! Éist le Sciath na mBreatnach!

Éist, a Artúir! Éistigí go léir!

Tá ár naimhde tagtha arís! Tá siad ag creachadh na tíre ag iarraidh ár saoirse a bhaint dínn!

Chuala mé trácht air go bhfuil na Sasanaigh agus na Gaeil i mbun comhcheilge inár gcoinne.

Is é sin le rá go mbeidh caoi againn ar ár gcalmacht a léiriú ar an ármhá arís!

Ach ní mise a bheidh i gceannas oraibh.

Éistigí le caint an Fhlatha Ambrós! An té a chuirfeadh ina coinne, labhradh sé anois!

Cuirfidh mise ina coinne – mar is treise agus is calma agus is flaithiúla agus is fíréanta mise, OIDHREGHIN, ná Artúr!

Táim cloíte leis an aois, a chairde – rí is ea mé nach féidir liom sibh a stiúradh i dtreo an bhua a thuilleadh!

Mar sin, bíodh Artúr i gceannas ar an slua – taoiseach calma is ceannasaí cliste is rialtóir eagnaí fial is ea é!

AR AGHAIDH LIBH!

B'in deireadh an chomhraic. Bhí aghaidh Artúir dearg le fuil Oidhreghine, agus mhol a raibh ann go hard é.

Bhí moladh tuillte ag Oidhreghin chomh maith. I ndiaidh an díograis a a léirigh sé, ní raibh aon amhras faoi sciath nua an oileáin.

43/

Ní raibh caoi ag Artúr ar mhórán taitnimh a bhaint as an moladh ná as an gcáil sular thosaigh an rosc catha arís.

Bhí na Sasanaigh is na Gaeil í ndiaidh dul i gcomhar le chéile is iad ag iarraidh iarthar na tíre a ghabháil agus na Cymry a scaradh óna muintir sna Gleannta Doimhne is sa Chorn.

Dá mbeadh na Sasanaigh is na Gaeil ábalta ar mhuintir na Breataine a scaradh ó chéile, ní bheadh an Corn saor a thuilleadh.

Bhailigh Ambrós gaiscígh an oileáin agus cuireadh meirge Artúir in airde.

Tháinig gaiscígh le chéile ó gach ceann de ríochtaí scaipthe na mBreatnach agus deineadh slua mór cumhachtach aontaithe díobh. Bhí aistear fada rompu...

...agus bhí brú ama orthu.

Ba é SLIABH BHADAIN an ceann scríbe. Is ag bun an tsléibhe sin a bhí an namhaid bailithe. D'ordaigh Ambrós agus Artúr do gach rí agus do gach taoiseach sa slua mór teacht le chéile chun cúrsaí cogaidh a phlé agus tháinig Muirdhún leis i gcomhair comhairle a thabhairt.

Agus é ag cur na gcoisithe ar thaobh amháin agus na marcach ar an taobh eile, bheartaigh Artúr seift a chuir mearbhall ar a chompánaigh go léir. Is é nós a bhí ag na Cymry go dtí sin ná ruathar a thabhairt ceann ar aghaidh faoi dhéin troda gan ach cuthach á dtreórú.

44.

Agus na Breatnaigh ina gcodladh an oíche roimh an gcath, bhí Artúr ina aonar ag smaoineamh ar chúrsaí faoi sholas na gealaí.

A ghadaí each, an bhfuil tú ag taibhreamh? An bhfuil eagla ort?!

Ní raibh eagla riamh orm, a Mhuirdhúin. Nach bhfuil a fhios sin agat, a fhir chríonna?

Tá... ach tá a fhios agam go mbeidh eagla ort lá éigin. Ní eagla roimh namhaid a bheidh ort...

...ach eagla roimh dhúshlán níos casta ná aon rud lena ndeachaigh tú i ngleic riamh.

Muise? Anois, cad ina thaobh ar thug tú gadaí each orm?

Ná samhlaigh gur tusa an chéad duine a tháinig chugam ag lorg eolais.

Ach ná bíodh conspóid eadrainn – machnaigh ar an gcath atá romhainn. Agus machnaigh ar an méid seo leis: nach ait go dtitfeadh ceo le linn oíche ghlan gheal agus conas gur deineadh do shúil a leigheas agus í gonta chomh domhain sin? Ní le seift an duine amháin a chuirtear gach aon rud i gcrích.

Á, bhí tú ann an lá úd, mar sin – lá nach raibh chomh fada sin ó shin cé gur mór idir é is inniu agam...

Agus arís i ndiaidh an chatha...

Seans go raibh, ach cá bhfios?

Codladh sámh, a mharfóir na Sasanach.

A BHREATNACHA!

TÁ NA SASANAIGH IS NA GAEIL AG IARRAIDH ÁR dTAILTE A GHABHÁIL!

TÁ SIAD AG IARRAIDH ÁR MAOIN IS ÁR MNÁ IS ÁR LEANAÍ A THÓGÁIL!

IS ÉARD BA MHAITH LEO NÁ GO gCAILLFIMIS ÁR SAOIRSE IS ÁR nANAM FÉIN!

ACH TÁ UAIR AN DÍOLTAIS TAGTHA!

AR SON AMBRÓIS, ATÁ AG FÉACHAINT ANUAS ORAINN ÓN ARD, DÉANAIGÍ AN tÁRMHÁ A LÍONADH LE FUIL AN NAMHAD!

46.

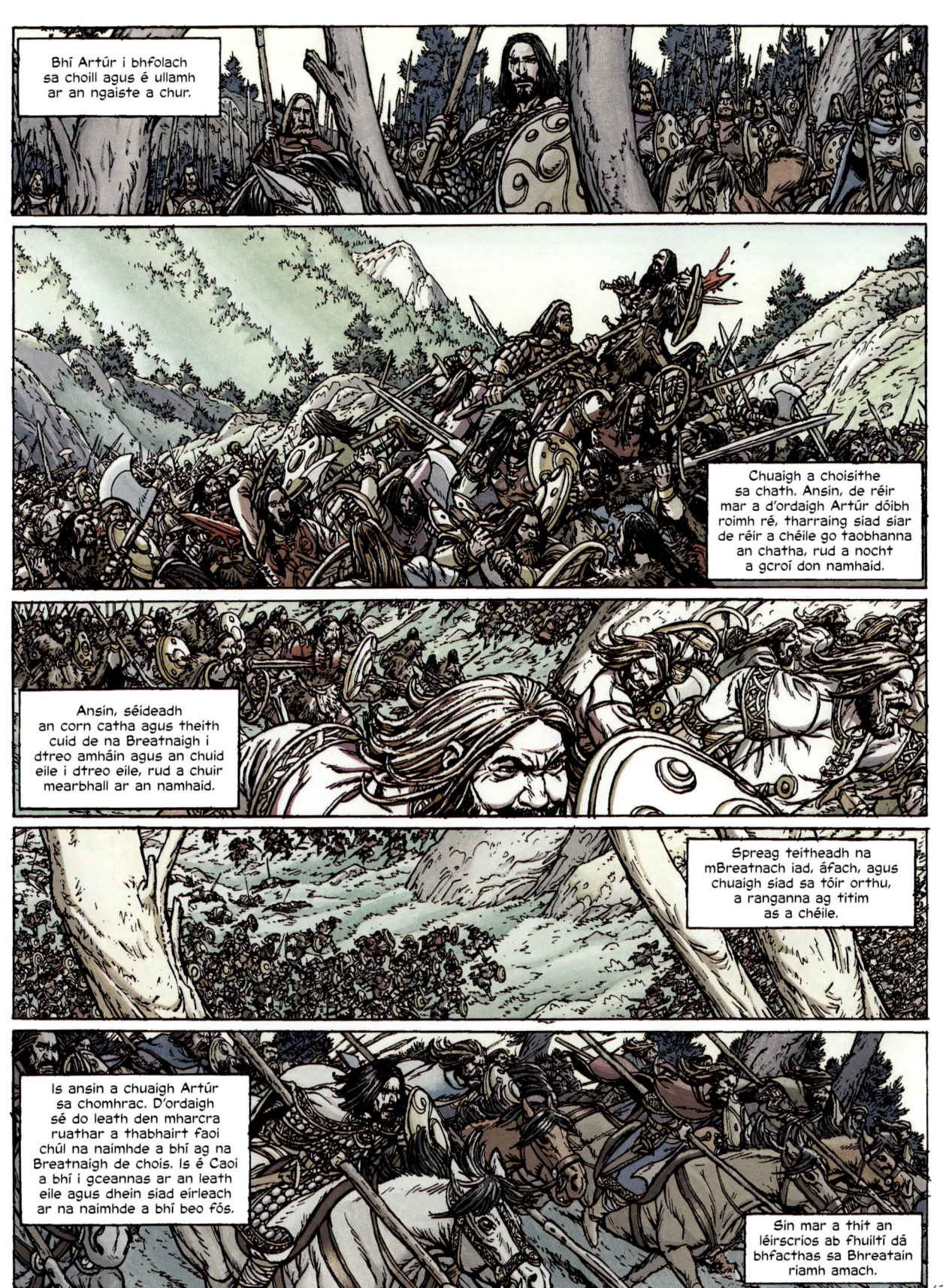

Bhí Artúr i bhfolach sa choill agus é ullamh ar an ngaiste a chur.

Chuaigh a choisithe sa chath. Ansin, de réir mar a d'ordaigh Artúr dóibh roimh ré, tharraing siad siar de réir a chéile go taobhanna an chatha, rud a nocht a gcroí don namhaid.

Ansin, séideadh an corn catha agus theith cuid de na Breatnaigh i dtreo amháin agus an chuid eile i dtreo eile, rud a chuir mearbhall ar an namhaid.

Spreag teitheadh na mBreatnach iad, áfach, agus chuaigh siad sa tóir orthu, a ranganna ag titim as a chéile.

Is ansin a chuaigh Artúr sa chomhrac. D'ordaigh sé do leath den mharcra ruathar a thabhairt faoi chúl na naimhde a bhí ag na Breatnaigh de chois. Is é Caoi a bhí i gceannas ar an leath eile agus dhein siad eirleach ar na naimhde a bhí beo fós.

Sín mar a thit an léirscrios ab fhuiltí dá bhfacthas sa Bhreatain riamh amach.

47.

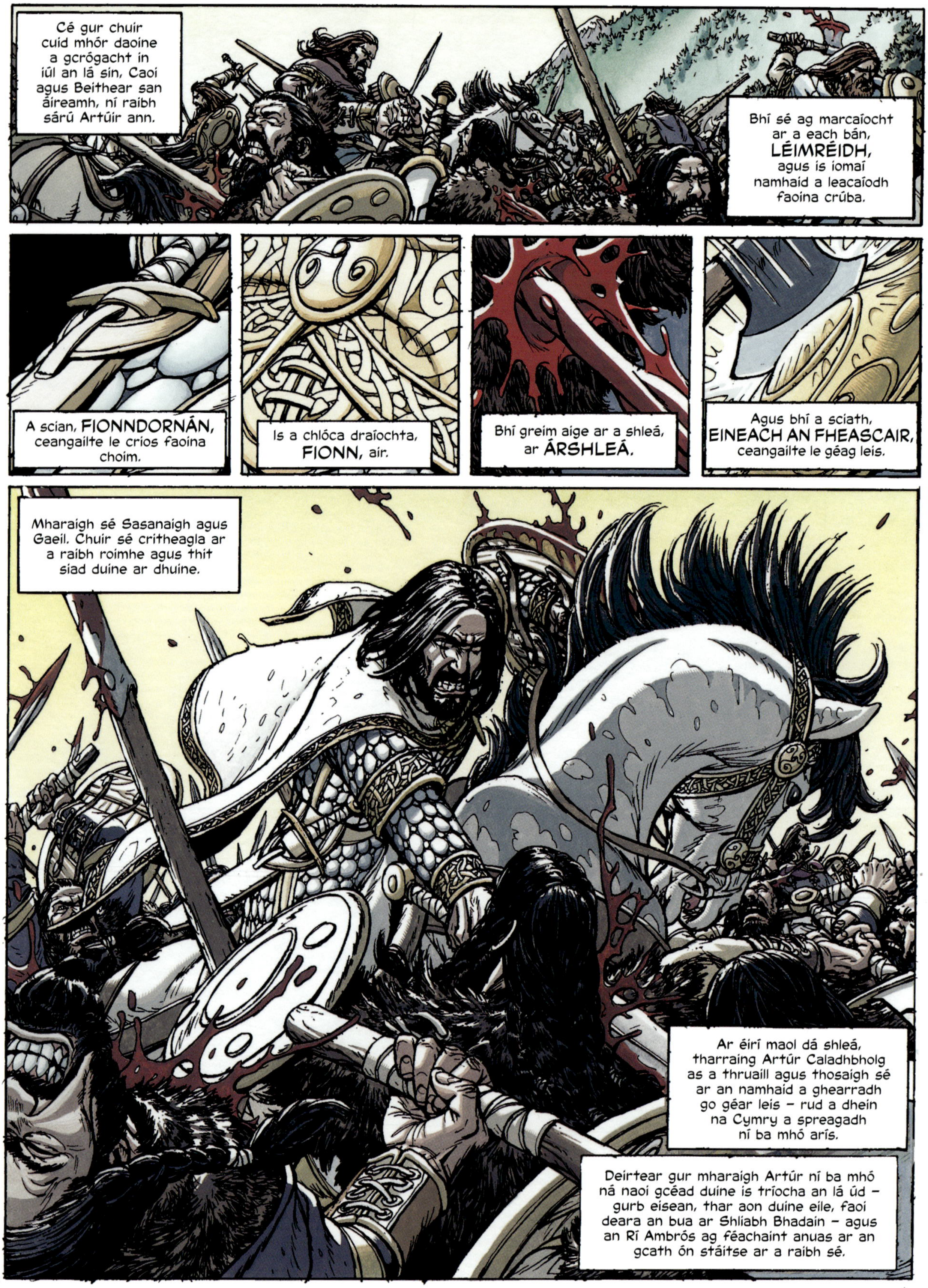
Cé gur chuir cuid mhór daoine a gcrógacht in iúl an lá sin, Caoi agus Beithear san áireamh, ní raibh sárú Artúir ann.
Bhí sé ag marcaíocht ar a each bán, LÉIMRÉIDH, agus is iomaí namhaid a leacaíodh faoina crúba.
A scian, FIONNDORNÁN, ceangailte le crios faoina choim.
Is a chlóca draíochta, FIONN, air.
Bhí greim aige ar a shleá, ar ÁRSHLEÁ.
Agus bhí a sciath, EINEACH AN FHEASCAIR, ceangailte le géag leis.
Mharaigh sé Sasanaigh agus Gaeil. Chuir sé critheagla ar a raibh roimhe agus thit siad duine ar dhuine.
Ar éirí maol dá shleá, tharraing Artúr Caladhbholg as a thruaill agus thosaigh sé ar an namhaid a ghearradh go géar leis – rud a dhein na Cymry a spreagadh ní ba mhó arís.
Deirtear gur mharaigh Artúr ní ba mhó ná naoi gcéad duine is tríocha an lá úd – gurb eisean, thar aon duine eile, faoi deara an bua ar Shliabh Bhadain – agus an Rí Ambrós ag féachaint anuas ar an gcath ón stáitse ar a raibh sé.
48.

Faoin am a thosaigh an ghrian ag dul faoi, bhí an talamh báite le fuil is le bás is le brón.

Ansin, tháinig Artúr, a bhí fuilsmeartha de dheasca an chatha, agus d'fhógair sé an bua don Fhlaith Ambrós.

Lig an slua go léir liú astu.

B'ín an dara cath déag a bhuaigh sé agus thug an slua **ARDRÍ NA BREATAINE** air, is é sin le rá, duine a rialódh gach treibh is gach taoiseach is gach rí – slánaitheoir agus ceannaire, an mac tairngreachta a thuartaí le fada an lá. Labhair Artúr leis an slua.

Ní mise an **TARDRÍ** go fóill!

Caithfimid an namhaid a threascairt is a mhilleadh!

Déanfaimid iad a léirscrios i dtreo go mbeidh na Cymry saor ón gcrá Sasanach go deo!

Ní stopfaimid go dtí nach mbeidh a oiread is aon Sasanach amháin fágtha ar an oileán – is ansin a bheidh cead agaibh pé teideal is mian libh a chur orm!

49,

I ndiaidh dó an t-éacht sin a fheiceáil, thuig Ambrós ina aigne nach ndeachaigh sé amú leis na Breatnaigh a fhágáil faoi chúram Artúir. D'fhill an rí ar Chathair an Léigiúin agus síneadh é ar leaba a bháis.

Sula n-imeoidh mé, a Artúir, ba mhaith liom caint ar Mhuirdhún.

Is maith atá aithne againn ar a chéile.

Is fíor duit. Ach éist liom...

Téigh i gcomhairle leis – tobar eagna is ea é.

Ba é mo chomhairleoir fónta é. Anois, bíodh sé agatsa mar chomhairleoir.

An ceangal atá eadrainne, a rí, ní bheidh a leithéid arís ann.

Mar sin féin, tabharfaidh mé cuairt ar Artúr anois is arís agus tabharfaidh mé comhairle dó má bhíonn sí uaidh...

Glacfaidh mé uait í agus fáilte.

Is féidir liom imeacht ón saol seo ar mo shuaimhneas – is faoi bhur gcúramna a fhágaim an Bhreatain agus táim deimhin de go n-éireoidh libh.

Slán agaibh, a chairde.

Agus an méid sin ráite ag Ambrós, d'éag sé.

50,

An chéad lá eile, cuireadh tosach ar na deasghnátha sochraide.

Le dul faoi na gréine, níodh in Abhainn na nIasc é.

Cuireadh a chorp ar bhreocharn agus a éide chatha thaibhseach air. Cuireadh a chlaíomh is a mhaoin is a each is a chú ina aice.

Diaidh ar ndiaidh, d'fhás an tine go dtí go raibh sí ag taitneamh go geal. Dhein Muirdhún marbhna don Ardrí agus bhí brón ar an bpobal go léir.

Chaoin Gealéadan Ambrós in aice leis an mbreocharn.

Thosaigh comhrac in ómós na hócáide.

Tháinig gaiscígh ina mbeirteanna is a shúile clúdaithe i gcomhair troid go bás i gcoinne a chéile chun ómós a thabhairt don Ardrí. Bhí na laochra a thit sa ghleo lánsásta Ambrós a leanúint go tír an tsolais shíoraí.

Cuireadh na coirp timpeall an bhreochairn.

Ar mhúchadh don tine, tógadh carn mór cloch i gcomhair uaigh Ambróis a mharcáil.

Roinnt laethanta ina dhiaidh sin, d'imigh Artúr gan fhios ó Chathair an Léigiúin in éineacht le Caoí is le Beithear is le Fíonn Shúile an Chait is lena threoraí, le Cindilig na gComharthaí.

Lean siad ar aghaidh ar feadh na hoíche go dtí gur shroich siad imeall Shasana.

Ansin, d'ordaigh Artúr do na fir a tháinig leis feitheamh. D'ainneoin na himní a bhí orthu, chuaigh sé thar an imeall go Sasana ina aonar. Bhí a chlóca draíochta, Fíonn, air chun é a choimeád as radharc an namhad.

Dé do beatha, a Artúir! Cad faoi deara do bheith chomh fada seo ó bhaile an t-am seo den lá?

A Mhuirdhúin?! Cad a...

Tabhair dom é sin, a Artúir! Níl sa ghníomh seo ach uabhar. Tá tú ag tógáil an chinn ionas nach mbeidh aon rud ach do chalmacht is do chrógacht féin ag cosaint na tíre, a Sciath na Breataine.

Agus tá tú i mo dhiaidh air, an bhfuil?

Níl, in aon chor! Ach seo ceann rí mór le rá. Ní raibh rí ní b'fhearr ná é ar an mBreatain riamh romhatsa. Ba chóir urraim a thabhairt dó. Gheobhaidh mé áit oiriúnach dó, a Artúir. Fill ar do lucht leanúna!

Ghéill Artúr don achainí, agus d'imigh sé as radharc Mhuirdhúin de réir a chéile. D'fhan an saoi ina sheasamh agus greim aige ar an mála ina raibh ceann Bhrain Bheannaithe. Bhí cúram an rí sin curtha de faoi dheireadh. Ba é Artúr Sciath na Breataine dáiríre anois.

52.

CRÍOCH AN DARA GÉAG

DAVID CHAUVEL
JÉRÔME LERECULEY
JEAN-LUC SIMON,
1999.

DAOINE 7 ÁITEANNA

Mac le **CONAIR CAOINBREATAĊ** (Cynyr Cainfarfog) ba ea **CAOI ARD**, sa scéal Breatnach **Caolsoc agus Fionnol** (*Culhwch ac Olwen*). Comrádaí buan le hArtúr ba ea é. Deartháir **CRÓ** ba é é agus deartháir comhaltais le hArtúr agus lena dheirfúracha, le **MUIRĠIN** is le **HANNA**, a dheirfúracha, ba ea é. Ba é **IÚR CEANNDRAGAN** (Uther Pendragon) athair Artúir is a dheirfúracha is ba í **ÓRĊAOIN** (Eurgain) ó **ĠARRÁN NA COILLE** sa Chorn a máthair.

Bhí **BEIĠEAR DEA-FÉIĠEAĊ** ar dhuine de chéad chompánaigh Artúir de réir na bhfinscéalta is na ndánta Breatnacha.

Is í **CAĠAIR AN LÉIGIÚIN** an tseanchathair Rómhánach Isca Silurum (Caerleon) ar bhruacha Abhainn na nIasc (Usk) in oirdheisceart na Breataine, creidtear le fada an lá go bhfuil ceangal idir í agus Artúr. De réir dhánta na dTréanna Breatnacha, bhí ceann de thrí chúirt Artúir i gCathair an Léigiúin.

Luaitear **FIONN SÚILE AN ĊAIT** is **CINDILIG NA GCOĠARĠAÍ** is **LÚ LÁĠĠÉADA** is compánaigh eile Artúir san fhinscéal Breatnach **Caolsoc agus Fionnol**.

AN ĊAĠAIR ROIĠLEÁNAĊ ainm eile a thugtar ar an saol eile Ceilteach, *Annwfn*. Luaitear turas Artúir go dtí an Chathair Roithleánach ina long, i **BFIONNĊRUĠ**, sa dán Breatnach luath **Creach an tSaoil Eile** (*Preiddeu Annwfn*). Luaitear scéal atá cosúil leis sin in **Caolsoc agus Fionnol**, ina ngabhann Artúr seilbh ar choire draíochta is ar a chlaíomh, ar **ĊALAĠBOLG**, i gcúirt **ĠÍORNAIĠ**.

Baineann **MÁĠRÚN** (Modron) leis an máthairdhé Ceiltí *Matrona*. Fuadaíodh a mhac **MÓRMAC** agus gan é a bheith ach trí oíche ar an saol.

INIS MONAIĠ an t-ainm a thugtar ar oileán Anglesey (ar Ynys Môn), ina raibh trí roinn ársa ar a dtugtar 'cantrefi' *(.i. céadta)*.

Tá **BRAN BEANNAIĠĠE** (Bendigeidfran), lárnach i scéal a dheirféar, **FIONNBRAN**, sa chnuasach finscéalta ar a dtugtar **Mabinogi**. Rí na Breataine is é é

agus i ndiaidh dó tuairisc a fháil go bhfuil Fionnbhran á céasadh ag an Rí **MÁL MAC RÓĊROÍ** in Éirinn, imíonn sé go hÉirinn óna chúirt sa **ĊAĠAIR AR AĠAIĠ INIS MONAIĠ** (Caernarfon) atá suite in áit ina raibh dún Rómhánach darbh ainm **Sea-áit** (Segontium), tráth. Le linn dó a bheith in Éirinn, téann sé trasna na **SIONAINNE** draíochta ach faigheann sé goin mharfach. Ansin, ordaíonn sé dá fhir a cheann a bhreith go hoileán **AN TEARMAINN** i **GCEANNBRUĠ** (go hoileán Grassholm in Pembroke), go háit os cionn **ĠUIR NA SABRAINNE**, is é sin le rá, go háit os cionn na farraige idir an Bhreatain agus an Corn is **NA GLEANNTA DOIĠNE** (Devon), is ansin, tar éis tamaill, a bhreith go dtí **AN CNOC BÁN** (go Cnoc an Túir, b'fhéidir) i Londain is a adhlacadh ann siúd.

Tá **FEICEÁLAĊ, MAC IMPIRE NA BRIOĠÁINE** ar dhuine de phríomhchompánaigh Artúir. Nia d'Artúr ba ea Feiceálach, de réir **Historia Regum Britanniae** le Seathrún Bhéal Abhainn an Mhearuisce (Geoffrey of Monmouth).

De réir **Historia Brittonum**, tá **LOĊ LAOMAINN**, atá suite in Albain, ar cheann d'Iontais na Breataine. Níor aimsíodh na lochanna eile a luaitear sa téacs go fóill, mar atá **LOĊ HEILIC** agus **LINN LÍ**, cé go bhfuil an dara ceann in aice inbhear na **SABRAINNE** (Severn), más fíor.

De réir **Historia Brittonum**, is ar **SLIAB BADAIN** (Mons Badonicus) a thit dara cath déag Artúir amach. De réir **Annales Cambriae**, is sa bhliain 516 a troideadh é. Thit céad chath Artúir amach ag inbhear na **hAbhann Glaine**; is in aice na **hAbhann Dúghlaise** a thit an chéad cheithre chath eile amach is troideadh an séú cath taobh le habhainn darbh ainm **Basas** is in aice le **Coill Mhór na hAlban** a thit an seachtú ceann amach is bhí an t-ochtú ceann cóngarach d'**Fhionndún**; bhí an naoú ceann in aice **Chathair an Léigiúin** is troideadh an deichiú cath láimh le habhainn darbh ainm **Trébhrod**; is ar chnoc darbh ainm **Ionsuí** a thit an t-aonú ceann déag amach agus troideadh an dara ceann déag ar **Shliabh Bhadain**, áit inar mharaigh Artúr féin 960 fear is áit a raibh an bua aige. Deir Gildas gur ag an bhFlaith Ambrós a bhí an bua, áfach.

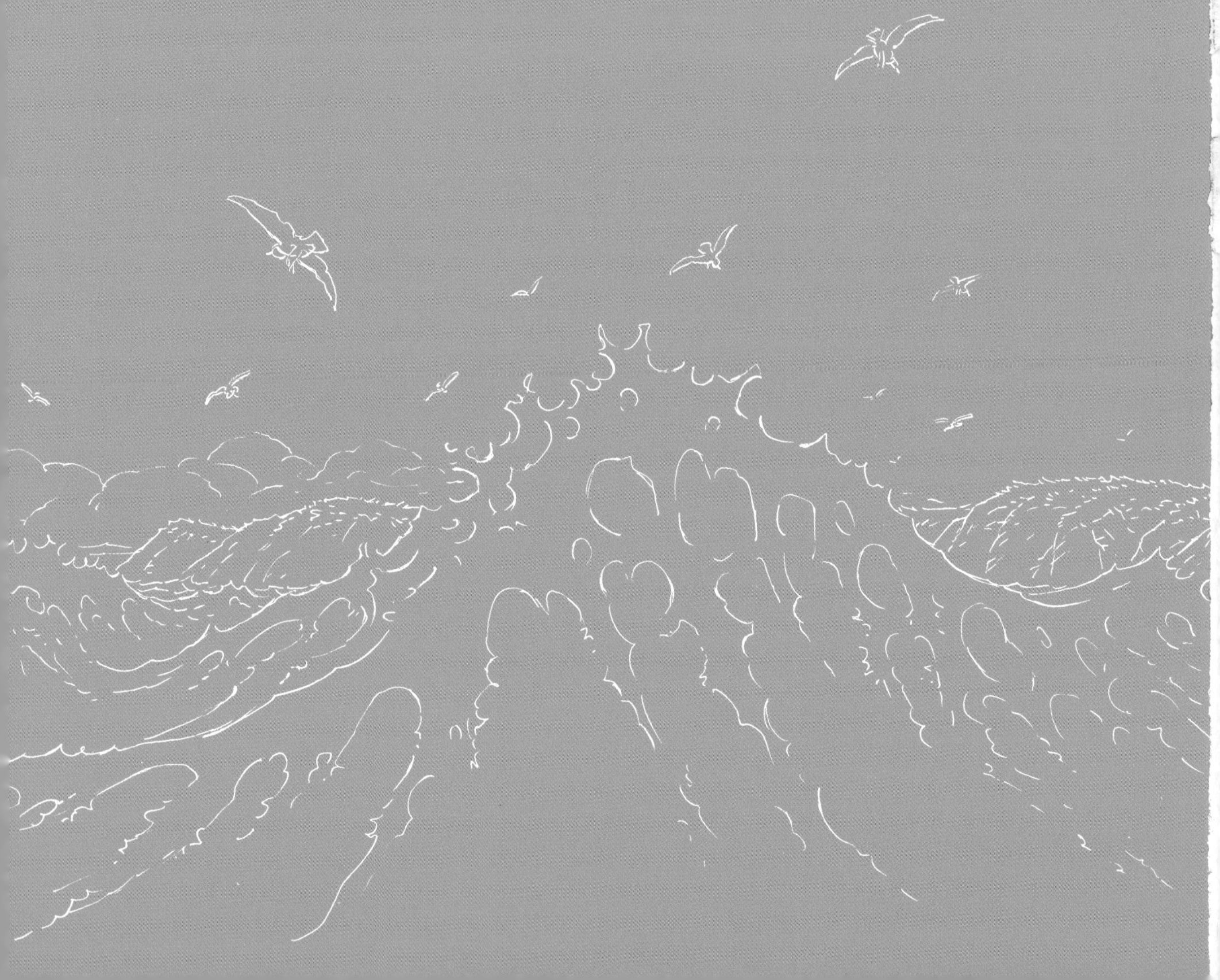